나,
아직 열리지 않은 선물

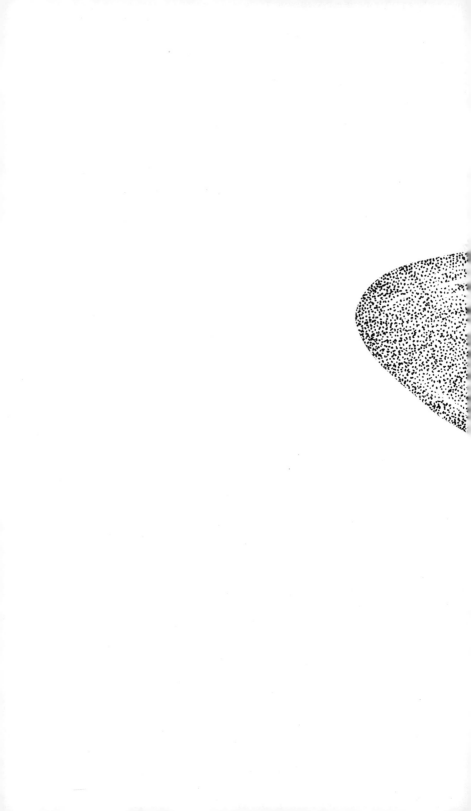

나,
아직 열리지 않은 선물

감옥 같은 삶을 꽃피우듯
아름다운 시절로 만드는 지혜

원제 지음

불광출판사

삶은 눈앞으로 펼쳐지는 신비

"쌓인 설거지가 예뻐요."

친구의 북카페에 손님들이 많았는지, 주방 싱크대에 짜이를 마시고 남은 컵들이 수북하게 쌓여 있었나 봅니다. 그런데 친구에겐 싱크대에 쌓인 컵들이 예쁘게 보였습니다. 저는 친구가 무슨 말을 하는지 알고 슬며시 미소지었습니다. 이미 오래전부터 친구가 내보이는 그 투명한 마음을 언뜻언뜻 느껴왔기 때문입니다.

"정말 그래요. 저는 정돈되고 정갈한 모습에 아름다움을 느끼는 것과 동시에, 흐트러진 이 상황과 쓰러지고 지저분해진 이 풍광에서 또한 아름다움을 느껴요."

그렇습니다. 싱크대 안에 무질서하게 쌓인 컵들, 그것은 단지 혼돈만이 아닙니다. 내 생각을 내려놓고 무심한 마음으로 상황을 바라볼 수 있다면, 이는 또한 생생한 풍경도 되고 아름다운 혼돈도 됩니다. 삶의 순간순간은 이와 같이 신비입니다. 이 같은 신비로움을 맘껏 느끼면서 단지 인연에 맞게끔 단지 '나'를 활용해 설거지를 하면 그만입니다. 그렇기에 설거지는 단지 노동만이 아닙니다. 그 모든 순간이 '진실함이 가득 펼쳐지는 온전함'의 경험이 되기도 합니다. 그것은 수도꼭지에서 나오는 시원한 물소리를 듣는 진실함이며, 싱크대 가득한 물의 따뜻한 감촉을 느끼는 진실함이며, 말끔하게 닦인 컵과 접시들을 가지런하게 정리하는 온전함입니다.

'나'라는 실체와 중심에 갇혀 있다면, 우리가 사는 이 세상은 고통의 일들로 가득합니다. 하지만 실체와 중심의 '나'로부터 벗어날 수만 있다면, 세상은 '나'를 통해서 경험하는 신비의 체험들입니다. 변한 건 없습니다. 변할 필요도 없습니다. 다만 '나'에게 한없이 집중된 이 그릇된 실체감으로부터 빠져나오면 될 뿐입니다. 그럴 수만 있다면 그 모든 진리의 경험들이 '나'를 통해 자유롭게 드나들며 '눈앞'으로 펼쳐지게 됩니다. 그 모든 진리와 신비가 오가는 통로로서의 '나'로 거듭나는 것입니다.

정해진 의미의 세상은 없습니다. 우리가 눈앞으로 매일같이 대하는 이 세상은 그 누군가에겐 고통과 번뇌 가득한 사바일 수도 있으며, 인연 따라 '나'를 활용하며 부려먹는 신비로운 놀이터일 수도 있습니다. 다만 '나'에게 갇힌 정도에 따라 달리 나타나는 세상인 것입니다. 그렇기에 '나'라는 존재는 참으로 신기합니다. 묶여 있다면 세상에서 이처럼 견고한 감옥도 없을 것이지만, 풀려난다면 세상에서 이처럼 좋은 선물도 없기 때문입니다.

그렇게 '나'를 선물로 부리는 삶으로 자유로워지시길.

2023년 5월 김천 수도암에서
원제

들어가며 | 삶은 눈앞으로 펼쳐지는 신비 4

1장 나를 살게 하는 힘 | 진리와 자유

노장님의 백팔배 16 • "모든 절이 다 내 절이다" 21 • 법륜 스님의 삭발 23
내가 시는 이유 25 • 몸이 너무나도 아플 때 26 • 신은 어떠한 모습으로 오는가 30
이우주대도인 스님 34 • 어찌해서 나는 부처를 만나지 못하는가? 38
이미 그러하다 40 • 제대로 중생으로 사는 것, '중생 놀이' 46
내 마음은 누가 수선해 주나요 48 • 고통만이 가득한 세상에서의 자유 51
네 문장 53 • 본래 내 것이 아니나 56 • 오직 모를 뿐, 오직 할 뿐 58
멈출 줄 아는 힘 61 • 원제의 자유 63

2장 나는 어떻게 완성되어가는가 | 크게 죽어야 도리어 살아난다

블랙핑크도 수행한다 72 • 간절함과 절박함 80 • 수행의 출발점, Sick Soul 82
힐링이 아닌 킬링, 선사들의 자비 90 • 수행해봐야 남는 게 없다 97
칼수좌 99 • 죽어야 산다 104 • 마음을 들키는 일 106 • 마음 그릇의 크기 110
어머니의 기도문 112 • 나의 안목은 얼마짜리인가 115 • 침묵을 듣고 침묵을 보다 117
책임의 무게 120 • 자신감은 어디에서 오는가 122

3장 그냥 사는 듯, 흘러가듯, 자연스럽게 |
의미만 두지 않으면, 사람도 세상도 한가하고 좋다

최선을 다하지 않으리라 132 • 부처님의 서비스 136 • 가장 위대한 포기 140
영적인 깨어남 이후의 삶 141 • 어설픈 명상가와 떡볶이 고수 143
말법 시대와 최상승 시대 145 • 우리네 인생 148
그냥 사는 듯, 흘러가듯, 자연스럽게 149 • 명백하십니까? 154
돌에 맞으면 아프고, 상한 음식을 먹으면 탈이 난다 159
집으로 가는 길은 어디서라도 멀지 않다 163 • 허공의 공덕 164
공부인의 자세 167 • 눈앞을 눈앞에 숨기다 172
나를 깨우쳐줄 선지식은 어디에 있는가 174
부처가 부처를 보내, 부처로 하여금 부처를 깨닫게 하기 위함이다 176

4장 본래 온전한 중생의 삶 | 이 세상은 본래 중생들을 위한 놀이터이다

폐도라는 원제의 정체성 182 • 삶으로 증명된다 183 • 죽음 연습 189
두 다리 쭉 펴고 잠자는 일 194 • 먼지 한 점 198 • 나를 써먹는다는 것 204
도적이 칼을 들고 오면 206 • 불사佛事 207 • 몽쉘통통과 종성칠조 209
고수에겐 놀이터, 하수에겐 생지옥 215 • 빈손이라는 자유 216
'잘못했습니다'의 공덕 220 • 다시, 중생의 삶으로 223

1 장

나를 살게 하는 힘

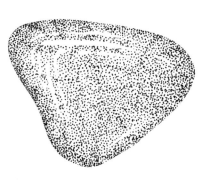

진리와 자유

조주 스님께 한 학인이 물었습니다.

"깨달은 스님과
못 깨달은 저희들과의
차이는 뭡니까?"

그러자 조주 스님이 말했습니다.

"너희들은 마음의 부림을 받지?
 하지만 나는 마음을 부려."

노장님의 백팔배

아침에 노장님과 포행을 할 때였습니다. 좀처럼 말이 없으신 분께서 말을 꺼내셨습니다.

"원제야, 내가 밤 12시 반에 잠깐 일어났는데, 생각해보니까 어제 저녁에 백팔배를 안 했더라."

제가 노장님을 모시고 있을 때, 노장님은 여든일곱이셨습니다. 그렇게 노구이심에도 노장님은 매일같이 백팔배를 하셨습니다. 그런데 그 다음에 하시는 말씀에 저는 깜짝 놀라고야 말았습니다.

"그래서, 했어."

"네?"

"했다고, 백팔배."

12시 반. 그 한밤중에 전날 못한 백팔배를 하셨다는 것입니다. 노구에 무리를 하시는 것 같아 시자는 걱정할 수밖에 없습니다.

"스님, 이제 연세도 있으신데 좀 쉬엄쉬엄 하세요. 뭐 하루쯤은 넘기셔도 괜찮습니다."

이에 노장께서 말씀하십니다.

"아니야. 해야 돼. 백팔배는 내가 매일 하던 거라 해야 되는 거야."

아무리 은사라 하더라도 직접 같이 살아보지 않으면, 사람의 진면목을 알지 못합니다. 저 역시도 그랬습니다. 노장님이 은사이기는 했지만,

실제 같이 살아보지 않았더라면, 노장님은 저에게 단지 해인사 방장이며 조계종 종정으로 남아 계셨는지도 모릅니다. 하지만 시자를 하면서 노장님을 모시며 지내다 보니, 그제서야 노장님의 면목을 보게 됩니다. 그러면서 차츰차츰 이해가 됩니다. 키도 작으시고, 풍채도 그리 대단해 보이지 않으시는 이 팔순 노장께서 어떻게 조계종단의 제일 어른이신 종정이 되셨는지를 이해하게 되는 것입니다.

노장께선 백팔배를 실제로 매일매일 하셨습니다. 보통은 저녁공양 전후로 백팔배를 하셨습니다. 몸이 괜찮을 때에는 한 번에 하셨지만, 혹시라도 감기 몸살이라도 걸렸을 때에는 백팔배를 세 번에 나누어 하셨습니다. 언젠가 감기 몸살에 걸리셨을 때 따뜻한 물을 가져다 드리다가 노장님께서 백팔배 하시는 모습을 곁에서 슬쩍 지켜본 일이 있습니다. 얼굴에는 땀이 흐르고 숨도 헐떡거리시는 데도 그렇게 백팔배를 끝끝내 하고 계셨습니다. 주변의 시자나 다른 어른스님들께서도 이제는 백팔배 좀 쉬시라고 그렇게 청하지만, 절대 통하는 어르신이 아니었습니다. 해야 하는 건 하셔야만 했고, 또 지금까지 해왔던 것이라 반드시 하셔야만 하는 것이었습니다.

노장님의 백팔배가 그랬습니다. 노장님의 백팔배는 습관이고 일상이었습니다. 노장님은 이 백팔배 수행에 대한 그 어떤 의미도 부여하지 않았습니다. 그냥 평생을 해왔던 것을 아무렇지 않게 하는 것이었습니다. 그렇게 노장님께서 백팔배 하시는 모습을 일 년간 지켜본 뒤였습니다. 저는 제가 가지고 있는 신심의 정의를 바꾸게 되었습니다. 보통의 경우, '한치도 의심 없이 믿는 마음'이나 '간절하고 변치 않는 마음'을 신심이라고

부럽니다. 하지만 제가 노장님 곁에서 지켜본 노장님의 신심은 달랐습니다. '그 어떤 의미도 부여되지 않은 뚜렷하고 견고한 마음', 이것이 바로 노장님이 구십여 년의 삶으로 보여주신 신심이었습니다. 신심은 얻거나 다지는 것이 아니었습니다. 그 마음이 삶으로서 익는다면, 신심은 더 이상 구하거나 채울 필요가 없다는 생각이 들었습니다. 그때부터는 존재 자체가 신심이 되기 때문입니다.

얼굴에 흐르는 땀줄기와 쉰소리로 가쁜 숨, 이것이 신심이 아니라면 도대체 무엇이 신심이겠는가요.

"모든 절이 다 내 절이다"

출가한 지 얼마 되지 않았을 때 한 선배스님에게서 이런 말을 들었습니다. 그런데 그 내용이 제 마음에 와닿아 아직까지 또렷하게 기억하고 있습니다. 그 스님의 은사스님은 재력도 없고, 절도 없다고 합니다. 사형들도 마찬가지여서 오롯이 혼자서 살아가야만 하는 형편이었습니다. 전국에 어딜 가도 권속이 없으니, 여느 절에 들어가면 늘 객 신세로 살아야만 합니다. 그런데 이 선배스님은 이 객 신세에 대한 해석이 남달랐습니다.

'그 어느 것도 내 절이 아니다. 그렇기에 전국의 모든 절이 다 내 절이다.'

선배스님의 말인즉, 내 절이 없기에 전국의 어느 절이든 가서 지내면 된다는 생각이었습니다. 그래도 객이기에 양심적으로 밥을 축낼 수만은 없는 노릇입니다. 그렇기에 남은 전각에 들어가서 기도라도 해주겠다고 하면, 모든 주지스님도 마다하지 않고 방 하나를 내어준다고 합니다. 게다가 기도까지 하니 주지스님이 조금이나마 용돈이라도 챙겨준다는 것이었습니다. 이것이 바로 '전국의 모든 절이 다 내 절이다'라는 신념으로 살아가는 선배스님의 획기적인 살림살이였습니다.

이렇게 보자면 가진 게 없다는 건, 가난한 것도 애석한 것도 아닙니다. 오히려 정반대의 일입니다. 가진 게 없을 적에 그 모든 것을 가질 수 있는 자유를 얻게 됩니다. 내 절이 없는 만큼, 그 어떤 절이라도 갈 수 있는 자유를 얻게 되는 것입니다.

그렇기에 이 자유는 단지 머무르는 자유만을 뜻하지 않습니다. 그 어느 곳에 머무르다 또한 인연이 다하면 언제든지 떠나는 것 또한 자유의 다른 모습입니다. 가지고 머무르는 것만이 자유가 아닙니다. 보내고 떠나는 것 또한 자유의 여실한 모습인 것입니다. 그렇기에 수행자는 항상 스스로에게 이러한 질문을 해야 한다고 말하고 있습니다.

'나는 언제나 나를 떠나보낼 수 있는 자유로서 살고 있는가.'

법륜 스님의 삭발

법륜 스님의 일화입니다. 스님은 고등학교를 다닐 때까지 절 안에서 사시다가, 스무 살 이후로는 절을 나가 밖에서 20년을 재가법사로 활동하셨습니다. 그러시던 90년대 말, 스승인 도문 스님께서 몇 번이나 이런 말씀을 하셨다고 합니다.

"인제 들어와서 활동해라."

재가법사로만 있지 말고, 이제 정식 스님이 되라는 말씀입니다.

이에 법륜 스님이 미리 작정하고 물으셨던 듯합니다.

"스님, 도에 무슨 안팎이 있습니까?"

"도에는 안팎이 없지."

예, 당연합니다. 도에는 안팎이 있을 수가 없습니다. 도는 이 환히 열린 전체이기 때문입니다. 그러자 법륜 스님이 다시 물었습니다.

"그런데 왜 자꾸 안으로 들어오라고 그러십니까?"

대화가 이쯤 진행되면 안팎이 없다고 말한 도문 스님께서 조금 당황하셨을 법하기도 합니다. 하지만 깊은 내공과 날카로운 안목이 있으셨던 어른이셨기에, 도문 스님은 이렇게 명쾌한 답변을 해주셨습니다.

"네가 밖을 고집하니까 안이 생기지."

도에 안팎이 없다는 말 정도는 어디서든, 누구에게서든 듣기 쉽습니다. 하지만 그렇게 생각으로 아는 것과 그렇게 안팎에 걸림이 없이 살아가는 것은 전혀 별개의 문제입니다. 당시에도 변재 제일의 재가법사로서, 도에 안팎이 없다는 것을 이미 누누이 말하셨을 법륜 스님이었습니다. 하지만 도문 스님이 날카롭게 지적한바, 당신 스스로 밖을 고집하느라 동시에 안을 만들어버린 것이었습니다. 도에는 안팎이 없다는 말을 수도 없이 하셨지만 실제의 삶은 밖에 집착하는 모습이었습니다.

　그럼에도 법륜 스님은 정말 강단 있고 멋진 스님이었습니다. 도문 스님의 말씀을 듣고 난 뒤에 당신이 도리어 이 안팎을 분별하고 있음을 자각한 뒤, 그 자리에서 곧장 삭발하셨던 것입니다.

어떤 분이 물었습니다.

　"스님, 절 안에만 부처가 있습니까?"

　평상시 진리는 모든 곳에 평등하게 있다는 것을 수상하는 분이었습니다. 하지만 아쉬웠습니다. 이것은 본인이 생각하는 관념적인 형태로서의 주장이었지, 깨달음의 실제적인 살림처럼 느껴지지는 않았기 때문이었습니다. 그래서 저는 이와 같이 대답해드렸습니다.

　"안에서도 보지 못하는데, 밖이라고 만날 수야 있겠습니까?"

내가 사는 이유

수도암에 찾아오신 분들이나 혹은 여느 곳에서 저와 직접 대화를 해보신 분들 중에 저한테서 이러한 질문을 받으신 분들이 제법 계실 것입니다.

"만일 본인의 인생에서 가장 중요하다고 생각되는 것, 그래서 '나는 이것을 위해서 산다', '이것을 위해서 다른 모든 것들은 부차적인 것이 된다', '이것이 나의 인생에서 가장 중요한 방향성이다'라고 할 수 있는 것이 있는가요? 혹시 이것을 단 하나의 단어로 말할 수 있다면 그것이 무엇일 까요?"

어떤 이는 사랑이라고 하고, 성공이라고도 하고, 가족이라고도, 돈이라고도, 사회 정의라고도, 행복이라고도 했습니다. 그럼 이 글을 읽고 있는 당신에게 인생에서 가장 소중한 가치를 단 하나의 단어로 표현한다면 그것은 무엇일까요?

사실 이것은 스물네 살 때 제가 저 스스로에게 했던 질문입니다. 무엇을 위해 나는 어떻게 살아갈 것인가를 치열하게 고민하며 스스로에게 던진 질문이었던 것입니다. 그리고 이 질문을 거친 하나의 단어는 여전히 제 삶으로서 유효합니다.

저에게 이 한 단어는 '진리'였고, 지금 역시 이와 같습니다.

몸이 너무나도 아플 때

저는 중학교 때 운동선수 생활을 하다 허리를 다쳤습니다. 당시 전국체전 준비를 위해 대전 공설운동장에서 연습하다가 그만 허리에 부상을 크게 입은 것이었습니다. 대전시 체전에서 우승한 이유로 광주에서 열린 전국 소년체전에 멀리뛰기 선수로 참가는 했으나, 허리 부상으로 기록이 나오지 않아 예선에서 탈락하고야 말았습니다. 그러다 십여 년 전, 병원에서 MRI를 찍은 적이 있습니다. 그때 병원장 선생님은 이렇게 말씀하셨습니다.

"스님, 디스크 협착이 있어요. 그래서 일 년에 한두 번 정도 아플 수 있는데, 이 정도면 수술하기에는 애매해요. 그냥 가끔씩 아파가며 지내시는 게 낫지 않을까요?"

사실 당시까지만 해도 허리가 아프면, '아픈가 보다' 하며 남 얘기하듯 지내왔기에 원장 선생님의 진단을 따르기로 했습니다.

그러던 어느 날입니다. 새벽예불을 마치고 일어나려다 그만 허리를 다시 삐끗하고야 말았습니다. 마치 허리에 비수가 쑥 들어오는 듯한 날카로운 통증에 그대로 자리에 주저앉아버렸습니다. 전날 울력을 조금 과도하게 하여 허리 상태가 좋지 않았는데 그만 이렇게 사달이 난 것이었습니다.

그렇게 허리를 다치는 바람에 저는 꼼짝없이 방에 누워 있었습니다.

아침에 한 선배스님께서 찾아오셨습니다. 그러면서 당신도 허리 디스크로 고생을 해봤다며, '수좌에게는 허리가 생명이다', '허리가 아파서는 선방에서 살기 힘들다', '뒷좌복은 쓰지 않는 게 좋다'는 조언을 해주셨습니다. 그리고 매일같이 하루에 한 시간씩 해야 하는 운동법도 알려주셨습니다.

그러다 한 어른스님께서 오후에 제 방으로 찾아오셨습니다.

"원제 수좌, 허리 어때요? 많이 아프진 않아요?"

이에 저는 웃으며 이렇게 답해드렸습니다.

"스님, 아픔이 이토록 생생합니다. 이 생생한 아픔으로 하나하나 모두 다 느껴보려고 합니다."

어른스님께서는 의외의 대답에 잠시 놀란 듯하셨지만 이내 다시 평온한 모습으로 말씀해주셨습니다.

"좋아요~ 좋아요~ 그러면 아무 문제가 없어요."

그렇게 어른스님은 허허 웃으며 돌아가셨습니다.

선원에서는 몸이 아프지 않아야 좋습니다. 오랜 시간 좌선을 하려거든 몸이 성해야 하고, 일반 생활을 하는 데도 몸이 아프면 힘들기 마련입니다. 그런데 저의 관점은 여기에 하나가 더 추가되었습니다. 몸이 아파도 좋습니다. 아프면 방에서 좀 쉬면서 오랜만에 낮잠도 잘 수 있고, 세상에서 벌어지는 뉴스도 볼 수 있습니다. 20여 년 가까이 달고 산 요통인지라 저는 제 몸 상태를 잘 알고 있습니다. 진통 주사를 맞고 약을 먹으면서 사흘 정도가 지나면 운신하기에 불편하지 않을 정도로 몸 상태가 회복됩니다. 그렇게 해서 조심해 움직이면 선원 큰방의 좌선 정진에도 참여할 수 있습니다. 딱 사흘입니다. 몸의 회복 능력을 믿기에 저는 충분히 휴식을 취해주고, 간혹 찌릿하게 찾아오는 요통도 사은품처럼 생생하게 느끼며 즐기고 있습니다.

아파도 혹 아프지 않아도 그 모두가 진정하게 살아있음입니다. 진리란 이러한 육체적 고통으로도 환하게 살아나며 다가오기도 합니다. 그런데 우리는 이렇게 생생하게 다가온 육체적 고통이라는 진리를 불편하다며 피하려는 성향이 있습니다. 진리는 요통으로도 오고, 관절염으로도 오고, 두통으로도 옵니다. 건강한 것만이 진리가 아니라, 아픈 것도 여실한 진리입니다. 그렇기에 우리는 이렇게 인연 따라 다가온 진리를 스스럼없이 받아들이면 됩니다. 그러면 고통마저도 환희심으로 맞이할 수 있게 됩니다.

몸은 실체도 아니고 그렇다고 가짜도 아닙니다. 몸을 실체로 여긴다면 고통도 실체가 될 것이고, 가짜라기엔 이 아픔이 너무나도 생생합니다. 몸은 이 진리가 드러나는 통로입니다. 우리는 몸을 통해서 온갖 보고 듣고 느낌을 경험할 수 있습니다. 감격이나 슬픔, 아픔도 이 몸을 통해서 경험할 수 있습니다. 이 진리가 드나드는 말끔한 통로가 바로 이 몸이기도 한 것입니다. 그래서 영가 현각 스님은 '환화공신즉법신幻化空身即法身', 즉 '허깨비와 같은 이 빈 몸뚱어리가 실은 법이 드러나는 몸'이라고 말씀하신 것입니다. 고통은 벗어나야 할 것만이 아닙니다. 고통 또한 법이 진실하게 드러난 것입니다.

이렇게 수십 년을 끌고 다닌 몸뚱어리이기에, 그렇게 친구처럼 가까운 몸입니다. 그래서 요통이 생길 때마다 저는 이 몸에게 이렇게 말합니다.

'그래 아프자, 어제 무리했으니 고생했다. 며칠 동안만 아프자. 대신 내가 푹 쉬어주고 약도 잘 먹어줄게. 그리고 이 고통을 생생하게 느껴줄게. 이런 대로 잘 살아보자.'

그렇게 허리가 아픈 와중에도, 진리를 찾아나서는 한 기독교인의 글에서 이러한 성경 말씀이 눈에 들어옵니다.

"이는 사람으로 혹 하나님을 더듬어 찾아 발견하게 하려 하심이로되, 그는 우리 각 사람에게서 멀리 계시지 아니하도다. 우리가 그를 힘입어 살며 기동하며 존재하느니라."

〈사도행전〉 17장 27-28절 말씀입니다. 성경에서는 '하나님'이라고 부르고 '그'라고 지칭하지만, 저는 보편적인 '진리'라는 말로 바꾸어서 이해하는 편입니다. 육체적 아픔과 병은 우리를 괴롭히기 위해서 찾아오는 게 아닙니다. '진리'를 더듬어 발견하게끔 하기 위해, 그렇게 고통의 모습으로 찾아오기도 합니다. 그렇기에 진리는 멀리 있지 않습니다. 진리는 아주 가까이 있습니다. 다만 우리가 진리에 눈을 뜨지 못해 눈앞으로 보고도 보지 못하는 것입니다. 그렇게 우리는 눈앞으로 가까이 있는 '진리'에 힘입어 살며 기동하며 존재합니다. 그리고 이러한 인연으로 찾아온 고통도 잠시 우리 몸을 빌어서 발현되다, 인연이 다 하면 사라집니다. 우리의 몸을 통해서 이렇듯 무상의 진리 또한 여실하게 구현되고 있는 것입니다.

네, 우리는 이 진리를 단 한 순간도 벗어난 적이 없습니다.

신은 어떠한 모습으로 오는가

일전에 온라인에서 글 하나를 본 적이 있습니다. 글의 제목은 '신은 어떤 모습으로 오는가'였습니다. 글은 그 어떤 설명 없이 여러 장의 사진으로만 채워져 있었습니다. 가을의 화려한 단풍들, 색색으로 화려하게 만개한 꽃들, 해맑은 얼굴을 한 아이의 웃음 등 자연의 아름다운 풍광과 이를 데 없이 행복해 보이는 사람들의 모습이었습니다.

사진을 보고 저는 슬며시 미소를 지었습니다. 그리고 이 글과 마찬가지로 그 어떤 설명 없이 댓글로 단 한 장의 사진만 올렸습니다. 인도 뉴델리 시장 바닥의 구성물에 머리를 담그고 있는 한 취객의 사진이었습니다.

신은 아름다운 꽃봉오리의 모습으로도 올 수 있고, 손주를 사랑스런 눈빛으로 바라보는 할머니의 미소로도 올 수 있습니다. 하지만 그뿐만이 아닙니다. 시장 땅바닥에서 잠을 자고 있는 취객의 모습으로도, 온갖 부정부패를 일삼고도 호의호식하는 정치인으로도, 사람의 살림을 날려버리는 초강력 태풍으로도, 산사의 고요함을 깨뜨려버리는 뽕짝 라디오의 우렁찬 울림으로도, 날씨만 흐리면 어김없이 찾아오는 무릎 통증으로도 올 수 있습니다.

진리는 우리가 선호하는 아름답고 긍정적인 모습으로만 오지는 않습니다. 때로는 우리가 외면하고 부정하고 싶은 일들로 찾아오기도 합니다. 인간의 분별로써 그러한 긍정적이고도 아름다운 모습만이 진리의 성품이 되는 것은 아닙니다. 그것은 본래 진리의 모습이라기보다는, 내가 바라는 진리의 모습인 것입니다.

진리는 여러 모습으로 옵니다. 인간이 생각하는 그 모든 순역으로 오는 것이 바로 진리입니다. 그리고 진리이기에, 그 모든 순역으로 나타나는 것입니다. 진리는 애초부터 순역으로 자유롭습니다. 다만 인간이 자신이 만든 순역에 스스로 걸려들 뿐입니다.

봄에는 꽃향기 맡고,

가을엔 보름달을 구경합니다.

여름 바람에 땀을 식히고,

겨울 눈으로 눈사람을 만듭니다.

사람의 호시절은 이미 눈앞으로
온전하게 펼쳐져 있습니다.

이우주대도인 스님

지금에는 법명조차 생각나지 않는 한 선배스님의 얼굴이 어쩌다 떠오를 때면, 저는 언제나 허허 웃고야 맙니다. 2009년 가을 즈음이었을 것입니다. 하안거를 마친 후 며칠간 만행을 마치고, 스님들은 가을 산철 안거를 나기 위해 동화사에 모였습니다. 그렇게 스님들이 구름같이 몰려든 자리에서였습니다. 한 선배스님은 자신의 속명을 바꿨다고 선언했습니다. 본래 이씨 성을 가졌고 나름 평범한 이름이었지만, 변호사를 통해 문서상으로 자신의 이름을 완전히 바꾼 것이었습니다. 그리고 스님이 새로 바꾼 이름을 대중 앞에서 자신만만하게 공개했을 때, 지대방에 모여 있던 모두가 박장대소하고야 말았습니다.

성은 '이'요, 이름은 '우주대도인'. 곧, '이우주대도인'이었던 것입니다.

그러나 신기한 일이었습니다. 그 누구도 이 스님이 자신의 이름을 우주대도인이라고 바꿨다는 사실을 놀린다거나 시비를 걸지 않았습니다. 출가 전부터 계룡산에서 수행해오며 온 산을 헤집고 다녔다던 이 선배스님은 원래부터 호탕하고 솔직한 성품이었습니다. 선원 수좌들만의 여유랄 수도 있겠지만, 저희는 이렇게 활달하게 열린 기상과 자신감을 인정해주는 편입니다. 비록 자신의 이름을 우주대도인이라 바꾸었다 하더라도, 그만큼 대도인의 열린 마음으로 자신있게 살아가는 이 스님의 삶과 성품을 알고 있기 때문이었습니다.

이후로 스님들은 이 선배스님을 부를 적에, 장난스레 "이우주대도인 스님~"이라고 불렀습니다. 그럼에도 과연 대도인은 대도인이었습니다. 자신의 이름을 그렇게 부르는 것에도 일절 당황하지 않고, 언제나 호탕하게 "그래 수좌, 나한테 물어볼 법이라도 있는가?" 하며 스님들을 상대해준 것이었습니다. 그런 선배스님과 헤어진 지 십수 년입니다. 지금에도 스님은 계룡산의 험준한 바위를 성큼성큼 뛰어다니시며, 자신만의 수행을 해오고 계신지도 모릅니다.

저에게는 이처럼 좋은 기억으로 남은 이우주대도인 스님입니다. 그런데 혹 누군가는 자신의 이름을 저렇게 대도인으로 바꿀 정도라면 얼마만큼의 공부가 되어있는지, 법에 대한 견해는 잘 들어섰는지, 수행의 단계는 모두 밟아왔는지, 선어록은 세밀하게 이해했는지, 조사들의 관문은 제대로 투과했는지, 어느 큰스님에게 인가는 받았는지 등을 점검해보고 싶다는 생각이 들기도 할 겁니다. 그러면서 자신이 세운 나름의 기준에 상응하지 못한다면, 저런 범부가 무슨 대도인이라며 빈정거릴 수도 있습니다.

사실 따지고 보면 저 역시도 이 대도인 스님과 몇 마디 일상적인 대화를 나누어보았을 뿐, 공부의 구체적인 수준은 잘 알지 못합니다. 대신 인상 깊게 각인된 것은 삶에서 풍겨나는 대도인 스님의 여유와 자신감이었습니다. 그 여유와 자신감을 가지고 살아갈 수 있다면, 그리고 그만큼 자신의 삶과 공부에 믿음을 가질 수 있다면, 그리하여 눈앞의 삶에서 자유로울 수만 있다면, 수행의 구체적 수준이나, 조사의 관문, 교리에 대한 해박한 견해가 그렇게 큰 의미가 있을까 하는 의문이 듭니다.

왜냐하면 앎은 결코 삶보다 클 수 없기 때문입니다.

그 모든 공부와 수행은 앎을 위해서가 아니라, 삶 자체로서 자유로워지기 위해서 하는 것입니다. 그런데 당신 스스로 그렇게 삶으로서 이미 자유로워졌고, 그 삶의 자유를 누리고 있으며, 그를 대하는 모든 사람이 이 자유나 여유를 느낄 수 있다면, 그것을 말로 설명하거나 점검하는 앎의 일이 무슨 큰 의미가 있을까요. 인간으로서, 그리고 수행자로서 자신의 역할을 해내며 온전하게 살고 있다면, 삶은 어쩌면 이로써도 충분하다고 생각합니다.

제대로 된 삶을 위해서 앎은 반드시 필요한 요소입니다. 하지만 앎이 삶의 최종 목적이 되는 것은 아닙니다. 앎이든 삶이든, 그것의 최종 지향점은 바로 자유입니다. 그 모든 인연에 걸림 없이 응하며 자기 스스로이 우주의 대도인으로서 여유와 자신감을 가지고 곧장의 진실을 여실하게 누릴 수 있다면, 그것이 바로 눈앞으로 사는 자유의 삶인 것입니다.

그러한 차원에서 중국 당 시대, 장졸 거사가 석상 스님을 만나 남긴 게송 하나를 소개해보도록 하겠습니다.

光明寂照遍河沙　광명적조편하사
凡聖含靈共我家　범성함령공아가
一念不生全體現　일념불생전체현
六根纔動被雲遮　육근재동피운차
斷除煩惱重增病　단제번뇌중증병

就向菩提亦是邪　취향보리역시사
隨順重緣無罣碍　수순중연무가애
涅槃生死是空華　열반생사시공화

고요한 빛이 온 누리를 비추니
범부와 성현이 모두 한 집안 일일세.
한 생각 일으키지 않으면 온전함이 나타나지만
육근으로 분별을 일으키면 가려져 보이지 않네.
번뇌는 끊으려 하니 병을 더하는 것이고
깨달음은 구할수록 사견만 일어나네.
모든 인연 부딪쳐도 걸림 없으면
열반이니 생사가 모두 허공의 꽃일 뿐이네.

어찌해서 나는 부처를 만나지 못하는가?

《금강경》제17분의 〈구경무아분究竟無我分〉에 유명한 경구가 있습니다.

一切法 皆是佛法 일체법 개시불법

일체의 법이 모두 다 부처님의 법이니라.

그런데 그 모든 법이 부처의 법이고, 그 모든 것이 깨달음이라면, '어찌해서 나는 눈을 부릅뜨고도 깨달음에 도달하지 못하고 부처님을 만나지 못하는가'에 대한 질문을 할 수밖에 없습니다. 그 이름이 부처님인가 진리인가, 혹 하나님인가 도道인가에 대해서 용어적 차별을 둘 생각이 없습니다. 그렇기에 십자가 요한의 말을 한번 빌어보도록 하겠습니다.

"그 이유는 그 분께서는 숨어 계시기 때문이며, 동시에 그 분을 만나고 느끼기 위해 네 자신이 숨지 않기 때문이다. 숨겨진 물건을 찾으려는 이는 아주 깊은 곳까지 들어가야 한다. 거기서 물건을 찾을 때에는 찾는 이도 역시 그 물건처럼 숨어있게 된다."

스스로 숨어있음이 될 적에야 비로소 숨어있음을 만나게 되는 것입니다. '됨'으로 만납니다. 진정한 수행이란 '됨'의 문제지, 나를 중심에 두고 부처며 하나님이며, 진리며 도를 '대상화' 하는 문제가 아닌 것입니다. 이 수행과 기도는 은밀함으로 깨닫는 것이고, 숨어있음으로 만납니다. 그러면 진리는 이 은밀함과 숨어있음에 반드시 응답을 해줍니다. 그 응답은 결코 특정한 상태나 모습으로만 오지 않습니다. 이 응답은 일체로 옵니다.

그렇기에 일체의 법이 모두 다 진리의 법이 되는 것입니다.

이미 그러하다

세계 일주를 시작할 적에 그 시작점으로 삼은 곳이 바로 티베트의 카일라스산입니다. 많은 불교인들이 이 카일라스산을 우주의 중심에 있는 수미산이 현현顯現한 것이라 믿고 있습니다. 수미산의 제일 꼭대기에는 제석천왕이 그리고 중턱에는 사천왕이 살고 있습니다. 그렇기에 카일라스산은 영혼의 성소나 신의 영역으로 받아들여지고 있습니다. 이 성스러움의 이유 때문인지 카일라스산은 여태껏 공식적으로 그 어떤 인간에게도 등반을 허락하지 않았습니다. 다만 비공식적으로 이 카일라스산 정상에 오른 사람이 있기는 합니다. 바로 밀라레빠입니다.

설화에 따르자면 티베트불교의 고승인 밀라레빠는 토속 종교인 뵌교의 성자와 서로 신통력을 겨루었습니다. 하지만 쉽게 승부가 나지 않았나 봅니다. 결국엔 카일라스산 정상까지 제일 먼저 올라가는 사람이 승자라 정하고 마지막 내기를 하였습니다. 이에 뵌교의 성자는 북을 타고 하늘을 날아 정상으로 향했습니다. 그렇게 해서 정상에 거의 다다를 찰나, 밀라레빠가 순식간에 햇빛을 타고 카일라스산 정상에 도달했습니다. 결국 승자는 밀라레빠였습니다.

전설이 지니는 상징성 측면에서 보자면, 아마도 과거에 불교와 뵌교 사이의 알력 관계가 있었던 듯합니다. 그러다 최종적으로 불교가 더욱 우월한 종교임을 드러내기 위해 이러한 이야기가 만들어졌다고 보는 게 좋을 것입니다. 지금에 있어 티베트의 주요 종교는 뵌교가 아니라 불교라는 사실에서도 그렇습니다. 그런데 뵌교와 불교 사이의 승패나 우열을 떠나, 저에겐 이 전설의 이야기에 제법 해석해볼 만한 여지가 많아 보입니다.

뵌교의 성자는 육신을 존재의 근거로 삼았던 사람입니다. 그리고 그는 카일라스산을 대상이나 목표로 대했으며, 이 카일라스산에 도달하기 위해 북이라는 도구를 사용했습니다. 보통의 경우 북은 치는 용도일 테지만, 성자는 북을 타고 하늘을 나는 용도로 바꾸는 신통력이 있었습니다. 그러나 근본적으로 뵌교의 성자는 사람을 이기려는 승부욕이 있었습니다. 이 승부욕이 이 이야기에서 가장 중요한 것으로 나타나는데, 저는 이를 욕망이라 부르겠습니다.

그러나 밀라레빠는 달랐습니다. 결론적으로 말해 저는 밀라라빠가 실제 육신을 이끌고 카일라스산 정상에 도달했다고 보지는 않습니다. 만일 몸을 이끌고 정상에 도달했다면 뵌교의 성자와 다를 바가 없기 때문입니다. 산의 정상에 도달한 것은 밀라레빠가 아닙니다. 그건 빛입니다. 도달하려는 마음을 내기 전에도 이미 도달한 빛입니다.

빛은 몸과 같이 존재의 중심이나 기반이랄 게 없습니다. 그러한 중심이나 기반 없이 다만 비춰짐으로 드러나는 것이 바로 빛입니다. 비춰짐에 중심이 없기에 그 무엇도 대상으로 대하지 않습니다. 대상이란 '나'라는 명확한 근거를 두어야만 나타나는 상대이기 때문입니다. 빛은 비추기 위해 특별한 도구를 쓸 필요도 없고, 비추는 작용은 그 어떤 신통력도 요구하지 않습니다. 비춤이란 아주 자연스런 현상이기 때문입니다. 그리고 비춤에는 그 어떤 승부욕도 없습니다. 산 아래나 정상이나 평등하게 고루 비추고 있는 것이 바로 빛입니다. 그렇기에 빛은 승부욕이 없고, 그것은 곧 욕망이 없다는 뜻이 될 것입니다.

빛이란 그런 겁니다. 정상에 도달하리라는 생각을 내기 전에 이미 정상에 도착해 있는 것, 그것이 바로 빛입니다. 누군가를 이기려는 의도를 내기 이전부터 이미 산 정상을 환하게 비추고 있는 것, 그것이 바로 빛입니다. 빛에는 이처럼 욕망이 없는 것뿐만 아니라, 생각도 없으며, 의도도 없고, 승패도 없고, 우열도 없으며, 대상도 없고, 중심도 없습니다. 그러나 없다 해도 전혀 문제 될 것은 없습니다. 생각하기 전부터, 욕망을 일으키기 전부터 이미 빛은 주변을 환하게 밝혀왔기 때문입니다. 사실상 이 승부는 애초부터 결정된 것이었습니다. 몸을 기반으로 한 사람의 욕망과 욕망이 없는 빛의 비춤과의 대결이었기 때문입니다.

진정한 승리란 좀 더 고급스럽고 어려운 욕망을 성취하는 데에 있는 것이 아니라, 욕망을 온전히 쉼으로써 자연스러움으로 드러나는 데에 있습니다. 굳이 북을 타지 않아도, 몸을 옮겨 카일라스산 정상에 도달하지 않아도, 누군가를 이기지 않아도, 빛은 이미 환히 비추고 있습니다. 그 어떤 작위나 유위를 거치지 않더라도 빛이 이미 그 모든 곳을 고루 환하게 비춰내고 있습니다. 이 자연스러움과 온전함을 넘어설 수 있는 것은 없습니다. 제아무리 고결한 형태의 결론이라고 하더라도, 이미 그러함보다 결코 나을 수가 없다는 겁니다.

생각해보십시오. 그토록 어려운 고행을 치르고 최고의 선정을 닦은 부처님이셨건만, 정작 부처님을 '위 없는 깨달음'으로 인도한 것은 반짝이는 새벽별이었습니다. 서산 대사는 새벽에 닭이 우는 소리를 듣고 문득 깨달음으로 돌아가 생사의 일을 모두 해마쳤습니다. 많은 조사 선지식들께서 보는 찰나, 듣는 찰나에 깨달음으로 들어가셨습니다. 그런데 그러한 계기를 마련해 준 보고 듣는 내용들은 새벽별이나 닭 우는 소리처럼 무척이나 평범한 것들이었습니다. 이미 그러한 것들이었습니다.

고행이나 선정은 이미 그러한 것들을 떠나서 다른 무언가를 갈고 닦으려는 유위의 작업들입니다. 수행이라는 것이 사실상 이러한 유위의 작업이지만, 그것은 비워짐을 위해 어쩔 수 없이 필요한 과정일 뿐, 궁극의 목표점은 아닙니다. 수행은 이 평범한 진리로 돌아가고 온전함을 회복하기 위해 거쳐야 할 과정과 수단이라는 것이지, '수행을 잘 하는 것'이 결코 수행의 목적은 아니라는 것입니다. 간혹 보면, 이 유위의 수행을 아예 목표로 삼은 분들도 더러 있습니다. 과정으로서의 수행이 아니라 아예 목적으로서의 수행이 되어버린 경우입니다. 이것은 마치 밥을 먹기 위해 쌀을 씻는 것이 아니라, 쌀을 씻기 위한 목적으로 쌀만 열심히 씻는 것과 같습니다.

우리들의 삶은 이러한 보고 듣는 평범한 것들의 연속인데, 이런 평범한 경계를 접하면서도 부처님이나 서산 대사처럼 깨달음에 도달하지는 못합니다. 이러함에 분명한 이유는 있습니다. 바로 욕망 때문입니다. 욕망에 안목이 가리워져서 곧장 만나지 못하고, 제대로 비워져 있지 않기 때문에 온전히 받아들이지 못하는 것입니다. 제 주변에 신통력을 가진 도반이 있었습니다. '기氣' 수행을 해서 7개의 차크라를 모두 열었다는데, 세상의 그 모든 것들을 점수로 측량할 수 있었습니다. 장소들의 지기뿐 아니라 사람의 기운도 측정해 점수화할 수 있었습니다. 그 스님에 따르자면 어느 보잘것없는 뒷방 노장은 80점, 어느 유명한 종단의 큰스님은 20점이었습니다. 심지어는 이미 돌아가셔서 세상에 없는 여러 선지식들까지도 점수로 측정했습니다. 이러한 기술을 두고 사람들은 신통력이라고 합니다. 하지만 저는 잡기술이라고 평가 절하합니다. 기라는 틀을 가지고, 세상과 사람을 점수로 파악하여 구분 지으려는 욕망이 그 근간에 깔려 있기 때문입니다. 제아무리 고급스러워 보이는 기술이나 신통이라고 해도, 결국 상대방을 파악하고 점수화하고자 하는 나의 욕망인 것입니다. 이 도반에게 새벽별의 반짝임이나 닭 우는 '꼬끼오' 소리에 점수를 측정해달라면 아무 말도 하지 못합니다. 이유는 당연합니다. 이 특별한 방식의 기에는 점수가 있을지언정, 이 평범한 진리에는 점수가 없기 때문입니다. 애초부터 점수가 없는 것에 점수를 지으려는 것, 이것이 바로 욕망입니다.

틀을 버리는 것이 수행입니다. 욕망을 비우고 분별을 멈출 뿐입니다. 단지 비우고 멈추는 것뿐이지, 달리 고귀한 무엇을 구하고 특별한 경지에 도달하는 것이 아닙니다. 완전히 비울 적에 온전함으로 드러나게 되어 있습니다. 달라지는 것은 하나도 없습니다. 그러나 모든 것이 달라진 바 없는 그대로의 여실한 모습으로 나타나게 됩니다. 구할 것은 하나도 없습니다. 그러나 이미 모든 것을 구족하고 있음을 스스로 명백하게 확인할 뿐입니다. 그렇기에 방 거사는 "다만 있는 것들을 모두 비우길 바랄지언정, 그 없는 모든 것들을 실답게 여기지 말라"라고 했습니다. 서양의 유명한 영성가인 아디야 샨티도 비슷한 말을 한 바 있습니다. "명상이란 지금 없다고 생각하는 것을 구하는 대신 이미 있는 것을 인정하는 것이다"라고 말한 것입니다.

제아무리 재주가 좋아 북을 타고 하늘을 날 수 있다 해도, 쏜살같이 몸을 옮겨 카일라스산 정상에 도달할 수 있다고 해도, 이미 그러함으로 눈 위에서 반짝이는 햇빛보다 빠르거나 나을 수는 없는 것입니다. 진정한 승자는 이기는 자가 아니라, 욕망을 쉬게 된 자입니다. 욕망을 쉬게 된 자에게는 더이상 승패가 없습니다. 승패나 대상, 우열도 없는 낱낱이 진실한 일들만이 눈앞으로 드러나기 때문입니다. 이것이 진정으로 도달하는 것이고, 진정으로 승리하는 것이며, 또한 진정으로 누리는 것입니다.

그 언젠가 누군가가 반야심경에 대해 물었습니다. 대승의 공空 사상을 핵심적으로 요약해 260자로 설한 것이 바로 반야심경인데, 이 반야심경 중에서도 가장 핵심이 되는 말이 무엇인지를 물은 것입니다. 그래서 대답했습니다.

"무소득無所得."

이미 그러하기 때문입니다.

제대로 중생으로 사는 것, '중생 놀이'

하루는 약산 선사께서 차를 달이는데 도오라는
제자가 와서 물었다.
"스님, 뭐하십니까?"
"응, 차 달인다."
"누구 대접하시려고 달이십니까?"
"어떤 사람이 차 한 잔 달라고 해서."
"그 사람더러 직접 달여 먹으라고 하시지 그러세요?"
"마침 내가 있었으니까."

수행을 통해 본래면목을 일별一瞥했다손 치더라도, 여전히 '나'는 있습니다. 그러나 '나'에 대한 인식의 전환이 생깁니다. 실체나 중심으로서의 내가 아니라, 흐름과 활용으로서의 나로 전환되는 것입니다. 그러할 때 나는 생사의 한 모습이자 드러남입니다. 그렇기에 나라는 고정된 상相에서 벗어날 수 있다면, 그때부터는 오히려 나를 잘 부릴 수 있습니다.

진정한 자유는 생사를 벗어나는 것을 뜻하는 것만이 아닙니다. 오히려 그 생사로 들어가서 그 어떤 머묾이나 집착 없이 생사를 잘 굴리는 것을 뜻합니다. 그렇게 나로부터 벗어나 나를 잘 굴리고, 그리하여 궁극적으로 이 삶을 원만하게 운용함이 진정한 의미의 자유인 것입니다.

그래서 저는 '중생 놀이'라 부릅니다.

전체로서의 진정한 안목이 열리게 되면, 이전의 중생은 더이상 중생이 아니고 이전의 놀이도 더이상 놀이가 아닙니다. 진공眞空으로서의 중생은 무아로서의 부처와 하나도 다를 바 없는 것이고, 묘유妙有로서의 놀이는 연기로서의 흐름과 하등 차이가 없기 때문입니다.

멈춤 없이 잘 흐르고 집착 없이 잘 굴리는 것, 이것이 바로 중생 놀이입니다.

내 마음은 누가 수선해 주나요?

망월사에서 안거를 날 적에 매주 월요일에는 수선보살님이 찾아오셨습니다. 스님들이 생활하다 보면 옷이 종종 떨어지는데, 이런 승복들을 수선해드리겠다는 원력으로 매주 찾아오신 분이었습니다. 다각실 알림판에 '수선보살님 오셨습니다'라는 공지가 떠 있으니, 한 선배스님이 저에게 슬쩍 묻습니다.

"스님, 옷 수선은 보살님이 해주는데, 마음 수선은 누가 해주지요?"

"누가 마음 수선하는 건지는 둘째 치고, 그 마음이 어딨는지 알려주시겠어요?"

다각실에서 둘이 한번 호탕하게 웃었습니다.

'파사현정破邪顯正'이라는 말이 있습니다. 대부분의 경우 이 파사현정을 '사악한 것을 부수고 올바른 것을 드러낸다'로 해석합니다. 이러한 파사현정의 해석에는 사악함과 올바름이 분명하게 나뉘어 있습니다. 그리고 그 사악함은 부수고 올바름은 드러내야만 합니다. 그리고 이러한 과정에서 마치 '내'가 중요한 역할을 하는 것처럼 보입니다. 선과 악이 너무 극명하게 대립되어 있고, 나의 역할이 지나치게 강조되어 보입니다.

파사현정의 바른 뜻은 '삿됨이 물러가면 바름이 드러난다'입니다. 사실 이 삿됨 중의 하나는 삿됨과 바름이 따로 있다는 견해까지도 포함됩니다. 이렇듯 대립된 견해를 벗어나게 되면, 자연스럽게 바름이 드러나게 되어 있는 것이지, 그 바름의 내용물들을 '내'가 따로 생각하고 정하고 드러내야 하는 것은 아닙니다. 삿됨의 물러남과 바름의 드러남은 자연스럽고도 동시적인 일입니다. 결코 삿됨을 물러나게 하는 것과 바름을 드러내는 일이 순차를 두어 따로 있는 것이 아닙니다.

또한 이 일은 '내'가 주도해서 바꾸는 일도 아닙니다. 진정으로 삿됨이 물러나면 '나' 역시도 동시에 물러나게 되어 있습니다. 모든 일과 사고와 세계의 강력한 중심이었던 '내'가 물러나게 되면, 본래 있어 왔던 전체가 중심없는 중심으로 자리하게 됩니다. 하지만 이 전체는 온전한 전체를 뜻하는 것이지, '나'와 같이 그 어떤 실체로서의 중심이 아닙니다. 그렇다고 해서 이전에 있어 왔던 '나'를 억지로 없애거나 할 필요는 없습니다. '실체의 나'가 '드러남의 나'로 혹 '노릇함의 나'로 본연의 자리를 찾아가는 것이기 때문입니다. 이 경계 없는 전체와 '드러남의 나', 혹 '노릇함의 나'가 그 모든 순간, 그 모든 상황, 그 모든 경험에서 빈틈없는 온전함에 이를 때까지 수행은 계속됩니다. 그 중간 과정에서 기묘한 체험과 순역경계가 반복되기도 하는데, 결코 이를 탐착한다거나 그러한 경계에 살림을 차리려 해서는 안 됩니다. 온전함과 자연스러움으로 전체의 모든 존재가 균형을 이룰 때까지, 그 모든 경계와 생각들도 다 보내야만 합니다.

그렇기만 하다면 종국에 까마귀는 까마귀고, 목탁은 목탁이며, 원제는 원제입니다. 까마귀는 까악까악 울고, 목탁은 또록또록 울리며, 사시 불공을 마친 원제는 배가 고파 폴짝폴짝 뛰어갑니다. 온 세상이 완전히 뒤바뀌어 있되, 변한 바 없는 그대로의 온 세상입니다. 이것은 그 어떤 빈틈없는 완벽함입니다.

따로 '고결한 진리를 아느냐'를 묻지 않습니다. 단지 '착각으로부터 온전하게 벗어났느냐'만 확인하겠습니다. 마음 수선을 누가 해주는지, 어떻게 하는 건지 묻지 않습니다. 다만 그 마음이라는 게 실체로서 있다고 믿고 있는 것인지, 정말 마음이라는 게 수선 가능하다고 생각하는지를 물을 뿐입니다.

따로 진리가 있는 게 아닙니다. 단지 그릇된 견해만 벗어나는 것뿐입니다. 정해진 답이 있는 게 아닙니다. 단지 잘못된 질문만 하지 않을 뿐입니다. 그럼으로써 그 모든 것들이 자연스럽게 진실로 확인되는 일뿐입니다. 다만 이러함으로 온전함과 명백함이 그 언제나, 그 모든 곳에서, 그 일체의 경험으로 확인되는 일인 것입니다.

까마귀는 까악까악, 목탁은 또록또록, 원제는 폴짝폴짝.

고통만이 가득한 세상에서의 자유

고통이 왜 있을까요? 우리에게 분별이 있기 때문이라고, 이 분별에 집착하기 때문이라고 흔히들 말합니다. 옳은 말입니다. 그러나 이런 식으로 말해보면 어떨까요?

고통이 있는 것은 자유가 있기 때문입니다. 자유가 없다면 고통 또한 성립될 수 없습니다. 고통 이전에 자유라는 전제가 있었기에, 고통 역시 존재할 수 있는 것입니다.

몇 분 전인 열 시부터 목탁 소리가 도량에 울려 퍼지고 있습니다. 산 전체에 목탁 소리가 가득합니다. 그런데 저 목탁 소리가 나기 전부터, 그리고 지금에도, 나중에 목탁 소리가 사라진 뒤에도 무언가가 있습니다. 그것이 뭘까요?

바로 고요함입니다.

고요함은 항상 있어 왔고 지금에도 그러하며 앞으로도 그러할 것입니다. 다만 우리가 저 목탁 소리에 귀가 팔려서, 이 눈앞의 고요함을 듣지 못하고 보지 못하는 것입니다. 저 목탁 소리가 있기 이전에도, 지금에도, 나중에도 고요함은 항상하고 여전합니다. 고요함이라는 기반이 있어야만, 저 목탁 소리가 비로소 존재할 수 있습니다. 마찬가지로 자유라는 기반이 있기에 고통 또한 존재할 수 있습니다. 그런데 잘 생각해보십시오. 목탁 소리가 드러나기 이전부터, 고요함은 이미 세상 전체에 고루 잘 펼쳐져 있었습니다. 그렇다면 우리가 고통을 인지하기 이전에, 자유는 그 어떤 조건에 상관없이 눈앞 가득 펼쳐져 있던 게 아니었던가요?

눈앞의 이 고요함을 듣고, 고요함을 보아야 합니다. 그렇지 않으면 목탁 소리에 귀가 팔리고 오직 목탁 소리만 있는 것으로 착각하게 됩니다. 고요함이 이미 온 천하에 가득한데, 그리고 이 고요함을 떠난 적이 없는데, 오직 인연으로서 펼쳐진 대상 경계에만 눈과 귀가 팔리게 되는 것입니다. 제아무리 아름다운 모습이나 감미로운 소리라 하더라도 모두가 고요함의 근원을 떠날 수 없는 것입니다.

우리에게 놓여진 삶을, 그리고 우리가 살아가는 이 세상을 고통으로 느낄 것인가, 아니면 자유로서 살아갈 것인가를 이제 우리 스스로 선택해야만 합니다. 그러나 내 마음 스스로 고요하지 못하다면, 우리는 눈앞에 본래 있어 왔던 이 고요함이라는 자유의 선택지를 만나지 못하게 됩니다. 오로지 고통만이 유일한 선택지가 되어서는 안 됩니다. 본래 있던 이 자유의 선택지를 이제는 되찾아야 할 때가 되지 않았는가요?

네 문장

법륜 스님의 말씀을 빌어 딱 네 문장만 쓰겠습니다.

세상만사에 정답은 없습니다.
단지 선택이 있을 뿐입니다.
선택은 언제나 그렇듯 자유입니다.
그런데 이 자유에는 반드시 책임이 뒤따르게 됩니다.

이렇게 딱 네 문장뿐입니다.

그러나 우리에게서 발생하는 많은 문제의 절반은 첫 문장을 받아들이지 못하는 데에서 오고, 나머지 절반은 마지막 문장을 간과하는 데에서 옵니다.
이를 벗어나는 문제란 크게 없습니다.

'온 세상이,

그 모든 것들이 선지식으로

이미 와 있었구나.

유정 무정 그 모두가 이렇게

여실한 법을 설해주고 있었구나.

갇혀 사는 나를 알지 못했기에

이렇게 활달하게 펼쳐져 있는

진리를 눈앞에 두고도

보지 못했구나.'

자신의 열린 안목만큼,

그렇게 진리도 되살아나는 것입니다.

본래 내 것이 아니다

'본비아물本非我物'이라는 말이 있습니다. '본래 내 것이 아니다'라는 뜻입니다. 불교에서 소유에 대한 그릇된 생각이며 집착을 지적하는 데 흔하게 쓰이는 말입니다. 그렇다면 지금의 사람들에게 있어서 가장 큰 소유의 대상으로 나타나는 것은 무엇일까요? 네, 그것은 바로 돈입니다.

돈은 사람에게 있어 가장 강력한 욕망의 대상입니다. 돈은 그 자체의 속성보다는 활용할 수 있는 가능성이 크다는 점에서 의미가 있습니다. 즉 돈을 여유롭게 가질수록 우리가 원하는 어떤 대상을 얻거나, 자신이 원하는 상황을 구현하는 데 무척이나 유리합니다. 그러한 점에서 돈은 소유로 인식되지만 그 활용성이 가장 큰 것이라 말할 수 있습니다.

그런데 이러한 활용성이라는 기준에서 보자면 돈은 나에게 귀속되는 게 아니라, 나를 거쳐가는 것이라 할 수 있습니다. 활용 면에서 돈이라는 것도 일종의 흐름이므로, 그 어디서든 왔다가 나를 거쳐 결국에 다른 곳으로 흘러가는 것입니다. 이를테면 배고파하는 내 몸뚱어리를 위해서 국수 한 그릇 사 먹는 과정에서 돈은 식당으로 옮겨가고, 멀리 걸을 수 없는 체력을 위해서 택시 기사에게 건네지기도 합니다. 그리고 부모님의 용돈으로 흘러가는 경우도 있고 지구 반대편 볼리비아의 시골 아이들 학교 짓는 데도 순식간에 이동할 수 있습니다. 그런데 우리가 이렇게 썼던 돈도 식당에서 채소가게로, 택시 기사에서 아들 등록금으로, 볼리비아에서

학교를 짓는 꽃거지에서 벽돌공장 사장에게로 흘러갑니다. 내 돈에서 단순히 택시비가 빠져나간 게 아니라, 본래 내 것 아닌 돈이 내 몸을 편하게 돕고 난 뒤에 택시기사 아들의 등록금도 보태주고, 그 뒤엔 학교 학생들을 위한 교양서적을 구입하기 위해 서점으로 옮겨가기도 한다는 겁니다.

그렇기에 돈은 흐름입니다. 그리고 나라는 존재는 그 돈이 거쳐가는 하나의 분기점일 뿐입니다. 우리는 다만 이러한 흐름의 과정에서 이 돈이 어떤 방향으로 어떻게 옮겨가게 될지를 정하는 선택권이 있을 뿐입니다.

우리가 돈을 소유물로 볼 것인가, 아니면 나를 거쳐가는 흐름으로 볼 것인가, 두 가지 중의 하나입니다. 우리가 비록 돈을 사용하는 과정이 비슷하다고 해도 이 두 가지 중의 하나를 선택한다면, 애초에 돈을 대하는 태도와 더불어 흐름의 방향 또한 현격히 달라지게 될 것입니다. 그리고 이 방향을 따른 우리 삶의 모습도 달라질 것입니다. 그러나 그 무엇보다도 우리의 마음에 많은 영향을 주게 될 것입니다.

돈을 소유로 받아들이면 우리는 이를 더 많이 가지려 집착하고 욕심을 부리게 될 것입니다. 하지만 흐름으로 받아들이면 그 돈을 어떻게 흘려보낼 것인가를 선택하는 행복한 고민을 하게 됩니다. 돈 자체에 정해진 의미는 없습니다. 다만 그것을 쓰는 사람이 어떠한 마음으로 받아들이고 내보낼 수 있는가, 이러한 흐름이 큰 의미를 만들어내는 것입니다.

돈이 나를 거쳐 여러 곳으로 흘러간다는 것, 당신에게 이것은 정말 멋진 일이 될 수 있을까요?

오직 모를 뿐, 오직 할 뿐

제주도에서 만난 한 친구의 이야기입니다. 독일에서 일을 하던 이 친구는 2015년 네팔 대지진이 일어나자, 일을 그만두고 곧장 네팔의 구호 현장으로 찾아갔습니다. 그곳에서 6개월간 구호작업을 하면서 친구는 열악한 작업 환경 때문에 그만 병에 걸리고 말았습니다. 간염을 포함해 세 가지 질병이 동시에 온 것인데, 너무 고통스러워서 거의 죽기 직전까지 갔다고 말했습니다. 자발적으로 구호 현장에 간 것이라, 그 누구의 도움도 기대할 수 없었습니다. 그렇게 의료 시설이 열악하기 짝이 없는 네팔의 한 병상에서 입원해 있느라 결국 1,500만 원의 치료비가 나왔습니다. 그래서 사람들이 이렇게 물어오기도 한답니다.

"만일 네가 이렇게 질병에 걸려서 고생할 줄 알았으면 네팔에 갔을까?"

여느 다큐멘터리나 인터뷰 기사를 생각해보면, '네, 그래도 갔을 것입니다'라는 답변이 들려 올 법도 합니다. 하지만 이 질문에 친구는 침묵했다고 합니다. 그 이유는 현명했습니다.

"알 수 없는 미래를 미리 가정하고 물어보는 그 질문이 애당초 말도 안 되잖아요."

그 구호 현장이 어떤 상황일지, 혹 자신이 병에 걸릴지 안 걸릴지는 본인도 그 누구도 모르는 일입니다. 모르는 일은 그냥 모르는 일로 남겨

두면 됩니다. 그리고 어떤 의미에서 일이란, 모르기에 할 수 있는 것입니다. 그것이 앎의 일이고 결정된 사실이라면 그 누구도 힘겨운 상황에서의 선행을 아예 시작하지도 못할 것입니다. 그렇기에 숭산 스님의 말씀대로입니다. 그 모든 것이 '오직 모를 뿐'이고, 그렇기에 '오직 할 뿐'입니다.

모름은 앎의 반대 의미가 아닙니다. 앎의 반대는 '알지 못함'이지, 삶의 근원적인 태도로서의 모름과 차원이 다릅니다. 하나도 모름, 둘도 모름, 나도 모름, 너도 모름, 부처도 모름, 깨달음도 모름, 모름도 모름, 그 모두를 모름이 진정한 의미에서의 모름이자 인간의 근원적인 존재 방식입니다. 그러나 인간은 이 존재 방식으로서의 모름을 두려워합니다. 앎에 의지해서야 비로소 나 자신이 존재할 수 있다고 믿기 때문입니다. 그렇기에 앎을 잡으려고 하고 앎을 축적함으로써 자신을 규정지으려 합니다. 그러면서 점차 앎의 내용물로 자신을 채워가며 모름으로서의 본연인 자신을 잃어버립니다.

모름의 일을 앎의 일로 전환하여 예상하고 행동하기에 중생입니다. 온갖 계산을 하고 득실시비를 따지느라 나에게 도움이 되는 것만 취하고, 피해가 되는 것은 무용하다 합니다. 사람들은 이 친구가 네팔 재난민들을 위해서 좋은 일을 했는데, 그 행위의 결과가 1,500만 원이 든 병고였다고 '계산'합니다. 자신의 일마저도 그만두고 사람들을 구조하고자 했던 의협심이라는 선인에, 안타깝게도 1,500만 원의 병원비라는 악과가 따라온 것이라고 생각한 것입니다. 그러나 이는 지극히 단순하고 좁은 안목의 계산법입니다.

이 친구의 과감한 행동은 그러한 속좁은 인과로 풀리지 않습니다.

'그 어떤 것도 알 수 없음'이 이 친구가 삶을 대하는 태도로서의 근원이었고, 그렇기에 조건이나 상황에 매이지 않고 '자신의 의지대로 살아감'이 삶에서의 자유라는 결과였습니다. 그 어떤 결과가 벌어지더라도 자신이 가지는 삶의 철학대로 살아가는 자유를 그 누가 마음대로 누릴 수 있겠는가요.

친구는 모름의 자유를 진정으로 누리고 있는 구도자입니다. 앎에 집착한다면, 그리고 나를 앎의 존재로 여긴다면 그렇게 행동하지 못합니다. 모름이기에, 그 모든 것을 모름으로 던져넣을 수 있기에, 오히려 상황과 조건에 굴하지 않고 자신의 의지대로 행동하는 자유를 누릴 수 있는 것입니다. 앎은 자유를 제한합니다. 하지만 모름은 그 모든 자유의 가능성을 열어줍니다. 그래서 완전한 모름이야말로 진정한 자유가 될 수 있는 것입니다.

《바가바드기타》의 한 구절을 올립니다.

> 그대의 권리는 다만 행위하는 것일 뿐,
> 결코 결과에 있는 것이 아니다.
> 행위의 결과를 행위의 동기로 삼지 말 것이며,
> 행위하지 않음에도 집착하지 말라.

멈출 줄 아는 힘

"스님, 낙가암 불사도 마쳤으니, 이제 욕실하고 개수대만 만들면 되겠어요. 마당이 넓으니 저 끝에 화단도 만들면 좋겠구요. 무질서하게 방치된 돌덩이들은 딴 데로 치우고요. 이제 여름이 오니까, 마당 한 편에 평상을 만들어서 해 떨어질 때 그곳에서 차를 마시면 얼마나 좋겠어요?"

새로 단장을 한 낙가암을 보고 한 분이 이러한 말씀을 해주셨습니다. 저는 이렇다 할 대꾸 없이 그저 마른 웃음만 지을 뿐이었습니다. 제가 스님 역할이나 중생 놀이를 잘하는지는 모르겠으나, 그나마 잘하는 것 하나는 있습니다. 그것은 언제 어디서라도 곧장 멈출 줄 안다는 것입니다.

우리는 더 많은 것을 더 좋은 방식으로 가지거나 누리지 못해 괴로운 게 아닙니다. 멈추지 못해서 괴로운 겁니다. 제대로 멈추면, 우리는 이미 모든 것을 온전하게 누리고 있다는 사실을 자연스레 체득하게 됩니다. 그 자연스러움이란 길가에 핀 민들레를 쓰윽 보고 기분이 좋아지는 일이며, 지난밤 내린 비로 불어난 시냇물 소리를 쓰윽 들으며 온 세상이 상쾌해지는 일입니다. 자연스러움은 원래 이러한 겁니다. 이 자연스러움을 얻기 위해 그 어떤 인위의 노력도 필요치 않습니다. 멈추기만 하면, 이토록 여실하게 확인될 뿐입니다.

'내'가 무엇을 소유하지 못해서 힘든 것이 아닙니다. '나로서如是我' 존재하지 못하기에 괴로운 겁니다. 제대로 멈추지 못하기에, 그렇게 결핍

된 중생 놀이를 하느라 온 시선이 바깥 대상으로 팔려 있어서 괴로운 겁니다. 생각과 감정이 사방팔방으로 널뛰기하며 일희일비하는, 그런 중생 놀이는 이제 지겨울 때가 되지 않았는가요.

낙가암 마당에 피어난 민들레가 환한 노란 빛으로, 이리 말합디다.

원제의 자유

아침에 늦게 일어나는 자유

하늘을 날아다니는 까마귀 우는 소리 듣고

씽긋 웃는 자유

냉장고에 있는 빵 하나

전자레인지에서 데워 먹는 자유

씁쓸한 커피 한 잔 마시는 자유

사시 때 부처님 마지 들고 법당 올라가는 자유

이른 봄 땅이 질척거리는 자유

관음전에서 목탁 치는 자유

오후에 포행하고 난 뒤에 졸린 자유

방바닥이 적당히 뜨뜻한 자유

오후 낮잠 자고 일어나 머리가 흐리멍텅한 자유

수돗가로 가서 찬물에 세수하는 자유

할 일이 없어서 심심한 자유

컴퓨터 게임 하다 져서 화나는 자유

마우스 내던질까 고민하는 자유

그래도 '소중한 마우스니까' 하고 다시 챙기는 자유

벽시계 LED 빛이 깜빡이는 자유

요새 자꾸 오른쪽 코가 막히는 자유

벌레에 물려선지 피부가 가려운 자유

진리가 무엇인지 모르는 자유

모름에도 아무런 걸림이 없는 자유

이런저런 글을 쓰는 자유

이런저런 글 따위 쓰지 않아도 아무런 상관없는 자유

자유라 부르지만 자유라고도 이름할 수도 없는 자유

그렇게 아무것도 아닌 자유

아무것도 아니기에 그 무엇으로든 펼쳐지는 자유

자유를 말하고자 함입니다. 부디 그 내용에 휘둘리지만은 마시길 바랍니다. 우리는 그 어떤 수로도 자유를 벗어날 수가 없습니다. 그 무엇으로부터 벗어나는 것은 자유가 아닙니다. 그 어떤 인연으로 펼쳐지며 얽힘으로써도 자유로워야지 진정한 자유입니다. 그래서 저는 자유에 항복합니다. 자유에 온전히 순종합니다. 왜냐하면 이 자유가 본래 자유인 우리의 존재로 돌아가게끔 해주기 때문입니다.

《달마어록》의 몇 구절입니다.

진여에는 본래 분별이 없으나
유정과 무정을 잘 분별한다.

거두어들이면 아무것도 성립되지 않고
흩어버리면 모든 중생들에게 두루하다.

묘하고 신령스러워 알음알이로는 헤아릴 수 없고
바르게 찾는 일은 수행과 관계없다.

대도의 고요함이여 모습이 없고,
만상의 그윽함이여 이름이 없도다.

이렇게 운용이 자재한 것은
모두 마음 없음의 뛰어남이로다.

사람이나 관계에 있어 나이는 중요합니다.
그런데 나이라는 것은 사실상 육체의
늙음에 부여된 숫자입니다.
이에 반해 마음에는 나이가 없습니다.
마음은 숫자로 측량할 수 없고 애초부터
젊고 늙음이라는 게 없기 때문입니다.

'나'라는 존재를 육체와 동일시하는
오래된 습성으로 나온 나이를 중심으로
산다면 우리는 그저 늙어갈 뿐입니다.
하지만 나이가 없는 마음을 중심으로
산다면 우리는 눈앞으로 소멸의
자유마저도 누리게 될 것입니다.

2 장

나는 어떻게 완성되어가는가

크게 죽어야 도리어 살아난다

우리 중생은 화를 냅니다.

감정이 치어올라 저 사람이 미워서,

세상이 억울해서 화를 냅니다.

그러나 깨달은 분들은 다릅니다.

화를 내는 게 아니라 다만

인연에 맞추어 화를 쓸 뿐입니다.

블랙핑크도 수행한다

방탄소년단BTS과 더불어 한국의 대표적인 글로벌 아이돌 그룹으로 '블랙핑크'가 있습니다. 그러나 이러한 인기와는 별개로, 저는 블랙핑크에 그다지 관심이 없었습니다. 그래서 그들의 노래를 따로 음악 리스트에 올려놓지도 않았습니다. 그러다 어느 날 별 기대 없이 블랙핑크의 다큐멘터리 〈Light up the Sky〉를 보게 되었습니다. 다큐는 블랙핑크의 결성 과정, 각 멤버들의 출생 배경이나 음악적 기질, 휴식기 때의 일상생활, 그리고 전 세계 팬들이 환호하는 광경과 무대 위에서 성공의 모습들을 보여주고 있었습니다. 그런데 다큐를 시청하며 저에게 들어온 것은 그들의 화려한 성공에 비춰진 핑크빛이 아니었습니다. 그들이 고난처럼 회고했던 연습생 시절의 블랙빛이었습니다.

지금에는 연예계 기사의 댓글창이 막혀 있습니다. 하지만 과거 연예인들의 뉴스 기사에는 그들이 벌어들이는 엄청난 수입과 막대한 인기를 부러워하는 댓글들이 종종 달렸습니다. 그러면서도 무슨 억하심정인지, 연예인들에 대한 근거 없는 악성의 평가들과 소문들이 속출하기도 했습니다. 대중의 관심을 받는다는 것은 그만큼 대중의 근거 없는 미움마저도 함께 감내해야 한다는 참혹한 현실이 있었습니다. 그런데 그러한 악성 댓글들을 보면서 제가 곰곰이 생각한 것은 연예인들이 성공하게 된 배경에 대한 사람들의 오해였습니다. 얼굴이 예뻐서, 부모가 지원해줘서, 회사를 잘 만나서 그렇게 어린 나이에도 엄청난 인기를 누리고 돈을 벌게 되었다는 질투 어린 시선들이었습니다.

하지만 저는 연예인들이 데뷔 후 짧은 시간 뒤에 성공하게 된 배경에 선천적으로 유리한 조건과 행운만이 있다고 보지는 않습니다. 블랙핑크는 데뷔한 지 2주 만에 지상파 음악 프로에서 1위를 차지했습니다. 하지만 그것만 보면 안 됩니다. 멤버들은 블랙핑크로 데뷔하기 위해 평균 7년의 혹독한 연습생 시절을 거쳐야만 했다는 것도 같이 보아야 합니다.

처음에는 9명의 연습생으로 시작되었습니다. 모두들 성공에의 열망을 품고 연습 생활에 들어갑니다. 하지만 그들에게 주어진 휴식 시간은 2주에 단 하루, 한 달에 이틀뿐이었습니다. 그렇게 28일 동안은 매일 14시간의 트레이닝을 반복해야만 합니다. 춤과 노래, 발성, 학습, 언어 등등의 수업을 끊임없이 받고 매달 창작의 결과물들을 회사 프로듀서들에게 평가받아야 합니다. 그런 연습생 생활이 힘들어서, 어린 소녀들은 멀리 떨어져 사는 부모님과 통화를 하며 자주 울었습니다. 그러면서도 다음날에는 다시 똑같은 트레이닝을 반복해야만 했습니다.

또래의 평범한 친구들처럼 학교에 다니며 친구들과 추억을 쌓을 기회도 없습니다. 월말 평가 후에는 각자의 창작물에 대한 평가에 따라 연습생 신분에서 방출되기도 합니다. 그렇게 연습생 친구가 하나둘씩 떠나가는 모습을 보며 같이 부둥켜안으며 울다가도 곧바로 오전 트레이닝을 받아야만 합니다. 가족과 떨어진 외로움, 평가에 대한 압박, 자기 계발과 능력 부족에 대한 스트레스, 자신 또한 방출될지도 모른다는 두려움…. 기껏해야 열너댓 살의 소녀들이 감당하기에는 너무 가혹한 경험들입니다. 그러면서도 그들에겐 정신을 추스르며 살아나야 한다는 과제만 남을 뿐이었습니다. 그런데 생각해보십시오. 그러한 날들이 무려 7년입니다. 과연 저 긴 시간을 그 누가 버텨낼 수 있을까요.

제가 또한 주목해서 말하고 싶은 것은 이 혹독한 연습생 시절 이전에도 다른 형태로 연습하게 된 기간 역시 있었다는 사실입니다. 대형기획사에 연습생으로 들어오는 친구들의 경우, 단지 소질이나 가능성이 있다는 이유만으로 선발되는 경우는 없습니다. 이미 연예인으로서의 자질이 발현되고, 그것이 어느 정도 결과로서 계발된 친구들이 선발되는 것입니다. 멤버들은 이미 서너 살 때부터 춤을 따라하며 배웠고, 비슷한 나이에 노래를 즐기면서 익혀왔습니다. 연습생으로 선발되는 그 과정 이전에도 이미 십여 년의 자발적인 노력과 연습 기간이 있었다는 것입니다. 이리 보자면 그들에게는 지상파 음악 프로에서 1위를 하게 된 데에 단지 2주의 시간이 필요했던 것이 아닙니다. 체계적으로 트레이닝 받아온 기획사 시스템에서의 혹독한 7년만 필요했던 것도 아니고, 태어나면서부터 시작된 그 익힘의 시간으로서, 어찌 보면 삶 전체가 필요했습니다.

간혹 수행을 시작한 처음부터 발군의 기질을 보이는 수행자가 있기도 합니다. 저와 같이 수행을 시작한 도반 중에서도 정말 그러한 분들이 있었습니다. 남보다 선정에 곧잘 들어가고, 좌선 자세도 흐트러지지 않으며, 혼침에 빠지는 경우도 거의 없습니다. 이럴 경우 대부분 사람들은 '근기가 뛰어나서 수행을 잘한다'는 식의 평가를 하기도 합니다. 수행을 처음부터 잘하는 이유에 대해 달리 이해할 방법이 없기에 전생부터 이어진 선근善根을 언급하는 경우도 많습니다. 하지만 저는 이런 해석을 그다지

신임하지 않습니다. 애초부터 수행하기에 좋은 근기를 타고 태어난 사람이 따로 있는 것이 아니라, 그가 살아온 삶 전체가 그를 훌륭한 수행자로 만들기에 적합한 경험의 기회들을 주었다고 생각하기 때문입니다.

실제 그러한 스님들의 출가 이전의 삶을 직접 들어봐도 그러했습니다. 그런데 그 삶의 경험 내용 대부분은 처절한 고통이며 극심한 자기 탐구입니다. 그렇게 전체 삶으로서 뼈를 깎는 경험과 노력, 실패와 눈물이 모여서 수행을 해나가기에 그렇게 좋은 근기가 만들어진 것입니다. 근기는 그렇게 타고 태어나는 것이 아닙니다. 제가 해석하는 근기는 선천적인 것이 아니라, 전체 삶으로 치러내며 형성된 후천적인 요소입니다. 그렇기에 저는 수행력이 뛰어난 수행자를 보면 그 수행의 현재 모습보다는, 삶 전체로서 눈에 보이지 않는 노력과 눈물들이 마음 속에 묵묵히 그려지기도 하는 것입니다.

좌선이나 염불, 절이나 마음챙김은 정형화된 형태로서의 수행입니다. 하지만 이러한 것들만이 수행인 것은 아닙니다. 이러한 체계화된 수행에 앞서 삶으로 겪었던 경험과 노력, 실패 또한 여실한 수행입니다. 다만 우리가 이를 수행이라 부르지 않았을 뿐이지, 우리는 삶을 통해서 그 언제나 어디서든 여실하게 수행을 해왔던 것이고, 이 수행을 떠난 적도 없습니다. 그래서인지도 모릅니다. 절집에 들어와 정식으로 수행을 하던 초반에 저는 수행에 대한 믿음이 견고해 수좌로서의 자부심도 대단했습니다. 하지만 외려 수행을 해나갈수록, 그래서 마음이 쉬어질수록 점차 많은 것들이 가벼워지고 있음을 느꼈습니다. 수행이 진리를 찾아가기 위한 가장 숭고한 형태의 삶이라는 의미부여가 점차로 옅어졌습니다. 수행을 하는 삶이나 수좌로서의 무게도 무척이나 가벼워졌습니다. 그러면서 달라지는 게 있었습니다. 비록 수행이라고 규정하지 않았지만, 삶 전체로서 수행을 치러내고 있는 평범한 사람들의 여실한 모습들이 오히려 마음에 면밀히 들어오고 있는 것이었습니다.

과연 블랙핑크가 세속적인 인기와 성공을 위한 삶만을 지향하며 살아왔다고 말할 수 있을까요. 고통으로부터 괴로워 몸부림치고, 그러면서도 끊임없이 자기 단련을 반복하고, 그 오랜 시간과 경험을 견뎌내는 그 모든 과정들이 정형화된 형태로서의 수행은 아닌 듯 보여도, 그들은 이미 삶 전체로 수행을 해왔습니다. 자기 자신을 돌이켜보고, 단련해가면서, 완성해가는 과정으로서, 알든 모르든 그것은 이미 수행입니다. 비단 블랙핑크만이 아니고 선원에서의 수좌만도 아닙니다. 그 모든 사람들이 눈앞이라는 거대한 터전에서, 각자의 인연과 경계에 맞게 여러 가지 형태로서 다양한 모습의 수행을 해오고 있다는 사실이 저에게 분명한 진실로 다가오고 있습니다.

'그들은 그것을 모른다. 그러나 이미 그것을 하고 있다.'

이것은 대학생 시절, 제가 수첩에 적어놓고 끊임없이 반복해서 새겨왔던 구절입니다. 저는 이 구절에서 '그것'이 과연 무엇일까를 찾아왔습니다. 물론 '그것'에 대한 명확한 답을 서둘러 내릴 수도 있었습니다. 그리고는 다른 질문들에 대한 답을 찾기 위해 이 질문에 대한 의문을 손쉽게 끝낼 수도 있었습니다. 하지만 그러지 않았습니다. 답을 손쉽게 결론 내리게 된다면, 알 수 없는 그 무언가를 놓칠 수도 있다는 저 스스로의 직감 때문이었습니다. 그래서 답을 내리지 않았습니다. 절집 밖에서든 안에서든 끊임없이 그 의문을 이어갈 뿐이었습니다. 그런데 그 의심이 깊고 커질수록, 저는 '그것' 또한 한없이 깊고도 넓어짐을 직감할 수 있었습니다. 그렇게 수행을 해나가다 보니, 지금에는 결코 답 없는 답으로서, 이렇게 말을 한다 해도 아무런 걸림이 없음을 확신하게 됩니다.

'그들은 수행을 모른다. 그러나 이미 수행을 하고 있다.'

삶이 시작된 순간, 우리는 이미 수행을 시작했던 것입니다.

나무가 꽃을 피우면

이 향기를 맡고 자연스레

벌과 나비가 찾아오듯이,

내 마음 곳간에 양질의 내용물이

넘쳐나게 된다면

사람들은 자연스레

이를 알고 찾아오게 됩니다.

이것이 바로 법의 향기,

즉 깨달음의 향기가 퍼져나가는 것입니다.

간절함과 절박함

대학생 때 처음으로 수행을 접하고 난 뒤에 이 수행이 '진리에 이르는 길'
이라는 확신이 들었습니다. 그래서 계획을 세웠습니다. 저는 반드시 하루
에 6시간을 할애해 수행에 매진하리라 결심했습니다. 좌선에 익숙치 않
아 행선까지 겸한 6시간이었습니다. 집에 있는 제 방에 좌선용 좌복도 따
로 가져다 놓곤 할당 시간이 부족하면 밤늦게라도 채웠습니다.

　매일같이 그렇게 수행하는 것 외에도, 매주 토요일 밤에는 화계사
에서 철야 참선에 참여했습니다. 화계사 국제선원 큰방은 토요일 밤 9
시부터 일요일 새벽 3시까지 일반인 정진을 위해 열려 있던 것이었습니
다. 새벽 3시에 방선하고 난 뒤에는 아래층 쪽방에서 잠시 눈을 붙였습
니다. 그리고는 새벽 첫 버스를 타고 집으로 돌아왔습니다. 수행을 처음
접한 대학교 3학년 때부터 졸업할 때까지 이러한 생활을 꾸준하게 반복
했습니다.

　수행하기 위해 부가적으로 하던 활동도 모두 접었습니다. 오직 학교
공부와 수행 두 가지뿐이었습니다. 그러나 대학생이 하루에 여섯 시간을
내서 수행하기란 쉬운 일이 아닙니다. 그럼에도 저는 꾸준하게 수행했습
니다. 이유는 단순했습니다. 여기에 길이 있다는 확신 때문이었습니다. 그
리고 그 누구보다 절박했습니다.

　한 어른스님께서는 수행은 '간절 절切' 자 하나로 끝이 난다고 자주

강조하십니다. 그런데 이 간절함이라는 건 본인이 느낄 뿐입니다. 그 어떤 위대한 스승이라고 해도 없는 간절함을 이끌어내 줄 수 없습니다. 절박함은 그렇게 스스로 느끼고 스스로 해결해야만 하는 겁니다. 스승이라는 존재는 이 절박함을 느끼게 해주는 동인動因입니다. 그러나 어리석은 제자는 이러한 스승이 없어 공부를 하지 못한다고 핑곗거리를 만듭니다. 스승은 그 길을 넌지시 보여줄 뿐입니다. 그 길을 헤치며 걸어가야만 하는 것은 결국 본인입니다.

이렇게 스승의 일과 나의 일을 분리해야 합니다. 스승은 단지 비춰줄 뿐이고, 나는 그 길을 헤치며 나아가야 합니다. 이 길을 걷는 끝없는 동력은 바로 간절함이라는 본인의 마음자세입니다.

수행의 출발점, Sick Soul

지금은 수행 전성시대입니다. 그런데 간혹가다 그 모든 사람에게 수행이 필요한지에 대한 질문을 받기도 합니다. 이에 대해 저는 항상 같은 대답을 하는 편입니다.

"아니요. 수행이 필요하다고 절실하게 느끼는 사람은 본인의 의지에 따라 수행을 할 수 있겠지만, 수행이 필요치 않다고 느끼는 사람은 수행을 할 필요가 없습니다. 수행은 사람의 상황과 필요에 따른 선택 사항이지, 의무 사항은 아닙니다. 그것은 목마름을 느끼는 자가 물을 구하려고 동분서주하는 것과 같고, 목마르지 않은 사람에게 억지로 물을 떠먹일 필요가 없는 것과도 같습니다."

스스로 건강한 정신을 소유하고 있다고 생각하는 사람은 수행할 필요가 없습니다. 자신의 정신이 건강하지 못하다고 자각한 사람만 본인의 의지에 따라 수행을 하는 것입니다. 그런데 역대로 깊은 깨달음을 얻은 여러 성현들은 정신적 측면에서 고통과 결핍감 때문에 수행을 시작했습니다. 자신의 삶에 대해 충족감을 느끼며 행복한 사람이 수행을 한 경우는 매우 드뭅니다. 결핍이 없는 만족스런 삶이라면 애초부터 수행하며 삶을 바꾸어야 할 필요성이 없기 때문입니다.

아이러니하게도, 수행의 출발점은 불행과 고통입니다. 수행을 통해 궁극의 깨달음에 도달하신 부처님은 사성제를 천명하셨습니다. 그런데 그 사성제 중에서 제일 처음은 고성제, 즉 '고통이라는 성스러운 진리'입니다. 그만큼 고(苦)는 인간에게서 있어서 보편적인 진리의 요소입니다. 그리고 고에 대한 자각과 수용이 수행의 첫 출발점이기도 합니다. 이러한 점에서 성현들은 어려서부터 이 고가 생기게 된 정황이라든가, 고에 대한 사색과 수용이 남달랐습니다.

석가모니 부처님은 당신이 태어나시고 일주일 만에 어머니가 돌아가셨습니다. 그러면서 인도 사회의 전통에 따라 이모인 마하파자파티가 석가모니 부처님을 대신 키워주셨습니다. 태어날 때부터 어머니가 부재했다는 상실의 상황이 석가모니 부처님을 인간의 삶에 대한 질문과 사색으로 자연스럽게 이끌었습니다. 동양의 성인인 공자 역시 마찬가지입니다. 공자는 노나라의 하급 무관이었던 공흘의 아들이었는데, 공자가 태어난 지 3년 뒤에 아버지 공흘이 죽었습니다. 이로써 공자는 어머니의 밑에서 자라왔습니다. 그러나 그 오랜 과거에 아비 없는 자식이라는 편견을 온몸으로 받으며 살아갔기에 공자의 유년기는 결코 평탄치 않을 것입니다.

석가모니 부처님이나 공자 모두 부모의 부재라는 공통된 결핍 상황이 있었습니다. 어린아이에게 있어 부모는 세상에서 가장 큰 버팀목이자 보호자입니다. 그런데 이 부모의 결핍이라는 상황이 우연의 일치처럼 보이기도 하지만, 어찌 보면 성현들의 필연적인 운명이었다는 생각을 하기도 합니다. 부모의 부재라는 숙명과도 같은 결핍 때문에 이 성현들은 유년기 때부터 사색의 깊이가 남달랐고, 정신적인 성숙이 빨랐습니다. 상실과 결핍에 대한 감각은 고통을 수반하는데, 아이러니하게도 이 고통에 대한 남다른 자각이 사람으로 하여금 깊은 감수성이나, 안목, 깨달음으로 인도하는 경우가 많습니다. 고통에 대한 깊은 통찰이 삶을 대하는 철학을 만들고 정신적인 성숙을 이끄는 것입니다.

이에 반해 행복함을 느끼며 정신적으로 건강한 사람은 고통을 성찰할 필요도 없습니다. 그래서 인생을 철학하지도 않고 진리를 위해 수행하지도 않습니다. 단지 그들에게 주어진 행복한 삶을 누릴 뿐입니다. 고통과 불행을 자각한 사람만이 삶을 사색하고 진리를 찾아 나서는 것입니다. 그리고 그 구도의 여정에서 몇몇 사람들은 그 고통으로부터 해방되거나 깨달음을 얻기도 해왔던 것입니다. 삶의 질곡으로부터 벗어나 자유로워지기 위해 구도자는 어찌 보면 필연적으로 그 고통을 가장 밑바닥까지 진저리치도록 경험하는지도 모릅니다. 위대한 깨달음은 손쉽게 오지 않습니다. 고통을 크게 벗어난 만큼, 깨달음 역시 크게 찾아오는 법입니다.

물론 이런 고결한 성현들에 비할 바는 못되지만, 저 역시도 유년기부터 고통이 심했습니다. 부모님이 건재했고 나름대로 중산층의 행복한 가정이었습니다. 그럼에도 무슨 일인지 저는 분리감의 고통을 겪었습니다. 그 언젠가부터 '나'라는 존재가 세상에 온전히 녹아들지 못한다는 감각이 생기면서부터, 저는 고통을 느끼기 시작했습니다. 10대 후반, 저는 '나'라는 존재가 어색하고 불편했습니다. 물론 남들이 보기엔 세상에서 자신의 역할을 잘 수행하며 평범하게 살아온 학생이었습니다. 하지만 어려서부터 저는 마치 세상에서 5센티미터쯤 떨어진 듯한 감각으로 세상에 완전히 들어갈 수 없다는 분리감을 느껴왔던 것입니다. 이러한 느낌 때문인지도 모릅니다. 저는 '나'라는 존재에 대한 불편함과 의심이 유달리 강했습니다. 그리고 이 불편함과 의심의 부작용이겠지만, 십대 때부터 반항심이 심했고, 사람이나 세상에 대한 미움도 강했습니다. 도대체 나는 왜 세상으로 완전히 안착하지 못하고, 이렇게 분리되는 듯한 느낌으로 고통스러워야 하는지 몰랐습니다. 저의 이런 습성을 꿰뚫어 보았는지, 대학교 선배 한 분은 혀를 끌끌 차면서 저에게 이렇게 말했습니다.

"너 같은 놈은 Sick Soul이야, Sick Soul!"

1902년, 미국의 심리학자이자 철학자였던 윌리엄 제임스는 《종교적 경험의 다양성The Varieties of Religious Experience》이라는 책을 출간했는데, 이 책에서 저자는 사람을 두 종류로 분류했습니다. 한 종류는 이 세상을 단 한 번 사는 사람들이고, 나머지 한 종류는 거듭남이 필요한 사람들입니다. 전자에 해당되는 사람들은 '건강한 마음의 소유자들Healthy-minded'입니다. 이들은 낙천적인 성품을 지니며 세상에서 잘 적응하며 살아가는 사람들입니다. 반면 후자에 해당되는 사람들은 '아픈 영혼들Sick Soul'이라 하는데, 정신적인 고통에 시달리며 세상에 잘 적응하지 못합니다. 그런데 아이러니하게도 모든 종교의 수행자들의 경우 후자에 해당되는 사람이 훨씬 많았습니다. 고통에 대한 남다른 감각과 수용이 그들로 하여금 수행으로 이끈 것입니다. 물론 그 선배는 저를 놀려먹으면서도 동시에 안타까워하는 심정에서 저를 'Sick Soul'이라고 불렀습니다. 하지만 저에게는 이 말이 제가 살아가야 할 삶에 대한 위안이자 희망처럼 느껴지기도 했습니다.

고통이나 의심은 일견 삶의 부정적 요소처럼 보입니다. 하지만 이 부정의 요소가 깊이 체화될수록 오히려 삶에 대한 깊은 안목과 깨달음으로 발현됨을 여러 성현들의 삶을 통해 확인할 수 있습니다. 그렇기에 삶의 진리이기도 한 고통을 반드시 부정적인 것으로 치부하거나 피할 필요만은 없습니다. 실패나 좌절, 결핍과 상실이라는 고통이 동시에 그 고통으로부터 벗어날 수 있는 기회를 열어주는 창구가 되기 때문입니다.

고통이란 그런 것입니다. 고통을 깊이 감지하고 경험하고 받아들이는 사람은 수행을 통해 그 고통으로부터 해방되기도 합니다. 우리가 처하게 된 고통은 우리의 영혼이 자유로 나아가는 과정에 있어 선결 관문인 것입니다. 고통이 있다면, 그 뒤에 반드시 자유도 있는 것입니다.

수행이란 이 고통으로부터 해방되기 위한 갖은 몸부림입니다. 그리고 제가 보기에 수행자란 이 고통에 대한 감각이 남달라 괴롭고 힘겨운 사람들입니다. 그런데 수행을 그럭저럭 잘 해나가고 있는 듯한데도, 왜 이렇게 여전히 힘겨운 삶을 살아가고 있는지 의심하는 분들도 계십니다. 그런 분들께 저는 어쩌면 아직 고통의 임계점을 통과하지 못한 건지도 모른다는 말씀을 드리기도 합니다. 그러면서 덧붙이길 그 임계점은 고통을 피하는 데서가 아니라, 오히려 그 고통을 남김없이 받아들이는 수행을 통해서 가까워질 수도 있다고 말씀드립니다.

고통은 사람을 괴롭히기 위해 있는 것만은 아닙니다. 자유가 있음을 암시하기 위해 고통은 그렇게 조금 앞서 올 뿐입니다. 그리고 그 자유는 고통을 상대하거나 피하려는 방식으론 절대 만날 수 없습니다. 오히려 그 고통을 남김없이 수용할 수 있게끔 스스로 비워져 있을 때에야 가능합니다. 고통을 받아들이는 나조차도 완전한 비움이 된다면, 그 모든 고통의 일들이 실상은 나라는 통로를 통해 낱낱의 진리로서 구현되는 것임을 깨닫게 되는 것입니다.

석가모니 부처님은 단순히 '삶은 고통'이라는 말씀을 하신 것이 아닙니다.

고성제苦聖諦, 즉 '고통'이라는 '성스러운 진리'를 가르쳐주시기 위해 이 세상에 오신 것입니다.

어떤 이들은 '도대체 혼자 깨달아서
뭐할 것인가. 모두가 잘 되어야지
그게 무슨 소용이라는 건가'라는
질문을 하기도 합니다.
일반인들은 물론이려니와 절에
좀 다니신 분도 이런 생각을
하기도 합니다. 심지어 스님마저도
이런 말을 내뱉는 경우가
있기도 합니다.

그러나 나 혼자 깨닫고,
당신은 못 깨달은, 그런 일은
절대로 있을 수가 없습니다.

진정한 깨달음이란,
내가 깨어나는 게 아니라
전체가 깨어나는 일이고
진정한 자유는,
내가 자유로운 것이 아니라
모든 것이 자유로워지는
일이기 때문입니다.

힐링이 아닌 킬링, 선사들의 자비

남악 회양 스님이 육조 혜능 스님을 찾아갔을 때,
혜능 스님이 이렇게 물었습니다.

"어디서 왔는가?"

"숭산에서 왔습니다.

"무슨 한 물건이 이렇게 왔는가?"

이에 곧장 답을 내놓지 못한 회양 스님은 다시 숭산
으로 돌아갔습니다. 혜능 스님이 툭 던지듯 걸어온
이 '한 물건'에 통째로 막혀버렸기 때문입니다. 8년
의 치열한 수행 뒤, 회양 스님은 다시 혜능 스님을
찾아갔습니다. 혜능 스님이 이전과 똑같이 물었습
니다.

"무슨 한 물건이 이렇게 왔는가?"

이에 회양 스님이 대답했습니다.

"설사 한 물건이라 해도 옳지 않습니다."

혜능 스님이 다음 질문을 했습니다.

"닦아서 증득하는 것인가?"

"닦아서 증득하는 바가 없지는 않으나, 본래 오염
될 수는 없습니다."

"오염되지 않는다는 것이야말로 바로 모든 부처님들이 호념護念하는 바이다. 그대가 이미 그러하였고 나 또한 그대와 같다."

이후 회양 스님은 혜능 스님에게 인가를 받았고, 혜능 스님을 15년 동안 곁에서 시봉하였습니다.

이 '한 물건' 선문답은 말끔하고 담백합니다. 선문답이 이루어지기 이전에 두 스님은 아무런 인연이 없었습니다. 하지만 혜능 스님의 법력을 믿은 회양 스님은 혜능 스님이 무심코 툭 던져온 이 '한 물건'에 제대로 걸려 버렸습니다. 그리곤 8년 동안 이 '한 물건'을 의심하여 치열하게 찾아갔습니다. 그런 수행 끝에 회양 스님은 물건이라고 말할 수도 없고 또한 찾을 수도 없는 이 '한 물건'에 결국 계합契合했습니다. 아이러니한 일이겠지만, 이 계합은 말하지 못하고 또한 찾지 못함으로써 비로소 이루어집니다. 그리고 혜능 스님에게 몇 마디 추가적으로 점검을 받은 뒤, 회양 스님은 깨달음을 인가받았습니다. 간명한 대화와 검증을 거친 군더더기 없이 말끔한 인가였습니다.

선사들의 자비는 독특합니다. 혜능 스님이 회양 스님에게 가르침을 전해주는 방식은 우리들이 생각하는 자비의 모습은 아닙니다. 일반적으로 공부를 묻고자 찾아온 학인을 만난다면, 그간 어디서 어떤 공부를 해왔는지, 그 공부 과정이 어땠는지, 무엇이 의심스러운지를 차근차근 물어보고는, 공부의 부족한 점을 세세하게 설명해주는 것이 스승으로서의 자상한 모습일 것입니다. 하지만 혜능 스님을 비롯해 어록에 등장하는 조사들 대부분은 이렇게 자상하지 않았습니다. 혜능 스님은 앞뒤 문맥 없이 그저 '한 물건'을 툭 던졌습니다. 이에 대답을 하지 못하고 곧장 숭산으로 돌아가는 회양 스님을 붙잡고는 제대로 공부하는 방법을 일러주는 친절함도 없었습니다. 그렇게 무심한 형태로서의 자비였습니다. 그런데 어찌 보면 혜능 스님의 이러한 무심한 제접 방식도 덕산 스님의 방棒이나 임제 스님의 할喝에 비한다면 상대적으로 자비로운 모습처럼 보이기도 합니다.

천 년 전 중국의 유명한 조사가 아닌, 가까운 한국의 선사를 돌이켜 보아도 마찬가지입니다. 저의 노스님이 되시는 성철 스님께서도 일반적인 상식 기준에서 보자면 자비로운 분은 아니셨습니다. 공부를 점검받고자 찾아오는 수좌들은 언제나 성철 스님에게 죽비로 몇 대씩 두들겨 맞고는 문답을 시작했다는 일화가 여태껏 수좌들 사이에서 선설처럼 들려오고 있습니다. 성철 스님으로부터 따뜻한 격려를 들었다는 수좌는 없습니다. 그나마 가장 다정한 모습으로 공부를 격려해주시는 것은 무언의 고개 끄덕임 정도가 전부였습니다. 그러나 모든 선사들이 이렇듯 무심했던 것은 아닙니다. 송광사의 어르신이셨던 구산 스님은 공부인들의 수행 과정이나 경계도 세심하게 들어주시고, 수행의 길에서 물러서지 않도록 격려를 아끼지 않으셨다고 합니다. 하지만 이렇게 자상한 선사는 무척이나 희소합니다. 선사들이 가르침을 주는 방식이나 그 선사들의 성품은 전반적으로 성철 스님처럼 무심하면서도 냉철했기 때문입니다.

저는 선사들이 가르침을 전해주는 이러한 방식이 단지 그 선사들의 무심한 성품에서 나온 것이라고 보지만은 않습니다. 이는 선禪의 독특한 수행 방식에서 자연스럽게 발화한 것입니다. 많은 이들이 알다시피 선의 대표적인 수행 방식은 의심입니다. 간화선도 이 화두에 대한 의심을 근간으로 형성된 수행의 한 방식입니다. 혜능 스님은 회양 스님에게 특정한 가르침을 준 것이 아니라, 이 '한 물건'을 툭 던져놓음으로써 그 모든 언설言說을 끊어버리는 커다란 의심의 종자를 심어주었던 것입니다. 회양 스님이 무엇을 점검받고자 혜능 스님에게 찾아왔는지 분명히 알 수는 없으나, 회양 스님의 공부 경계는 분명 혜능 스님의 '한 물건'이라는 말 한마디에 여지없이 가로막히고 말았던 것입니다. 그 어떤 수준 높은 공부라 할지라도, 수준마저도 사라진 '한 물건' 앞에서는 맥을 쓰지 못합니다. 혜능 스님은 비록 경전을 읽지 못하는 일자무식이었지만, 상대방을 단숨에 파악하여 살아있는 언설로 공부 경계를 단번에 압도해버리는 대장부의 안목이 있었습니다. 그렇게 압도한 상대의 마음에 '한 물건'이라는 커다란 의심을 심어준 것입니다.

의심의 속성은 '힐링活'보다는 '킬링殺'에 가깝습니다. 자비의 마음을 품고 포용을 키워나가는 것이 활活의 수행이라고 한다면, 대상이나 상황에 대한 그릇된 집착을 끊고 분별심으로부터 벗어나는 것은 살殺의 수행입니다. 역대로 안목이 뛰어난 선사는 우리들의 상식과는 정반대로 공부인이 믿고 의지하는 경계를 빼앗거나 아예 부수어버리기도 했습니다. 이것이 바로 살殺을 통해 구현한 자비였던 것입니다.

혜능 스님을 만나기 이전부터 회양 스님의 공부는 남달랐을 것입니다. 그러나 제아무리 뛰어난 공부라 하더라도, 그 어떤 조건이나 상태에 의지해서 실체화된 공부는 제대로 된 공부가 아닙니다. 그래서 혜능 스님은 이러한 조건이나 상태에도 걸릴 바 없는 이 '한 물건'을 툭 던진 것입니다. 그 어떤 조건과 상태에 의해 실체화된 깨달음은 이 허공 같은 '한 물건' 앞에서 앞뒤 없이 꽉 막히게 됩니다. 그러나 꽉 막히는 것은 이를 해석하고 이해하려는 생각입니다. 이 생각이 멈추는 곳에서 실체를 둔 공부는 힘을 잃고 와해됩니다. 이러할 때에야 비로소 실체마저도 둘 수 없는 공부가 제대로 살아납니다. 죽을 수도 없고, 그렇다고 살아날 수도 없으며, 취할 수도 없으며 그렇다고 벗어날 수도 없는 이 허공과 같은 '한 물건'으로 제대로 살아나기 위해, 회양 스님은 그렇게 8년이라는 의심의 수행이 필요했던 것입니다.

역사상 여러 선사들은 선을 공부하는 제자들에게 따뜻한 격려보다 무심한 채찍질을 주었습니다. 그 채찍질은 자신의 공부를 돌이켜 보고, 그 모든 방식의 실체화를 부수는 그런 의심의 채찍질이었습니다. 만일 공부인들이 제대로 의심으로 들어간다면, 실체화나 분별심이 지니는 관성의 힘은 확연히 꺾입니다. 그리고 이 깊은 의심의 힘으로 그 생각놀음과 집착을 일삼는 아상我相은 타파되고야 맙니다. 사실 '나'라는 것은, 무명의 중생이 지니게 되는 가장 강력한 집착이며 분별이고, 또한 버리지 못하는 실체입니다. 이 '나'라는 작은 중심이 부서질 적에, 우리는 활달하게 열린 눈앞으로서의 전체를 만나게 됩니다. 이 눈앞은 눈으로 볼 수도 없으며, 또한 앞도 뒤도 없는 그러한 중심 없는 중심으로서의 전체입니다. 이 전체야말로 경계 없고 조건 없는 진정한 본원으로서, 차마 '한 물건'이라고도 말할 수 없는 그러한 '한 물건'입니다. 애초부터 벗어난 적 없는 이 '한 물건'을 만나기 위해 선에서는 의심을 기반으로 한 수행을 했던 것입니다. 의심은 그 모든 실체화를 부수어버리는 강력한 힘을 가지고 있기 때문입니다.

그렇기에 의심이라는 수행 방식은 언뜻 킬링처럼 보이기도 합니다. 하지만 중심 있음도 아니며 그렇다고 중심 없음도 아니고, 얻을 수도 없으며 또한 잃을 수도 없는, 그런 '눈앞'을 살려낸다는 점에서 의심의 최종 결과는 힐링입니다. 선사들의 무심함은 언뜻 냉정함처럼 보입니다. 하지만 이 무심함으로 파종된 의심의 수행은 공부인들의 강력한 집착인 아상을 무너뜨리고, 경계와 조건 없는 '한 물건'을 살려냅니다. 그렇기에 힐링입니다. 실체화의 관념이 죽게 된다면, 실체 없음의 공성空性은 그와 동시에 자연스레 살아나게 됩니다. 실체를 둔다면 살과 활은 정반대의 일이겠지만, 그 어떤 실체화의 여지마저도 사라진다면 살과 활은 동시의 일이자 또한 불이不二의 일이 됩니다. 불이란 생각과 분별을 떠난 전체로서 혹 그 자체로서 온전해진다는 의미입니다.

혜능 스님이 툭 던져준 '한 물건'이나, 덕산의 방, 임제의 할, 그리고 성철 스님의 죽비는 선이라는 유구한 전통 안에서 스승이 제자들에게 의심의 종자를 심어주기 위한 선사들만의 독특한 자비였습니다. 따뜻한 손길로 자상하게 어루만져 주어야만 그 사람을 살리는 것은 아닙니다. 번뇌에 대한 집착을 없애주거나, 아상을 깨뜨려주고, 실체화를 무너뜨릴 수만 있다면, 그것 역시 사람을 진정으로 살리는 자비입니다. 자비에는 정해진 모양이나 방식이 없습니다. 그렇기에 이 허공 같은 무상無相의 자비에 계합할 수 있다면, 그 모든 인연 따라 일어난 경계가 자비의 여실한 불이법문不二法門이 될 것입니다.

네, 허공을 나는 까마귀는 그렇게 까악까악 울고, 봄비 맞은 목련은 그렇게 툭툭 떨어지는 것입니다.

수행해봐야 남는 게 없다

2007년 봉암사에서 하안거를 날 적에, 한 어른스님이 저를 방으로 불러들이고는 이런 말씀을 하셨습니다.

"원제 수좌, 젊은 나이에 수행한다고 이렇게 절에 들어와 있는 모습이 기특하네. 그런데 내가 선원에 다녀보고 했지만 별로 남는 게 없더라. 근데 스님은 나이도 젊고, 대학도 나오고, 군대도 다녀오고 했으니까, 차라리 지금부터라도 군법사로 전향해서 군포교 일선으로 나가는 것이 좋지 않겠나? 스님은 군대 가면 바로 대위부터 시작해. 군법당에서 일주일에 딱 한 번만 법회하면서 법문하면 되고, 나머지 시간은 자유롭게 쓸 수 있어. 장교들도 스님이라고 해서 잘 대해 줄 거야. 스님은 기왕 대학도 나왔으니 동국대 대학원 다니면서 박사 학위를 따놓는 게 어떻겠나? 그것도 나중에 다 써먹을 데가 있어. 그래, 스님 의견은 어떤가?"

어른스님의 말씀을 들으며 속으로 저는 같은 말을 되뇌이고 있었습니다.

'수행해봐야 남는 게 없다, 수행해봐야 남는 게 없다…'

당시 당돌하기 짝이 없던 저는 어른스님께 언뜻 예의 바른 척, 이렇게 말대꾸를 하고야 말았습니다.

"예, 스님 말씀이 맞습니다. 남는 게 없어야 수행입니다."

'수행해봐야 남는 게 없다'와 '남는 게 없어야 수행이다', 말의 앞뒤만 바뀌었을 뿐입니다. 하지만 그 어느 문장을 마음의 중심에 두느냐에 따라 수행의 과정은, 수행자로서의 삶의 모습은 판이하게 달라질 것입니다. 고집 센 저는 지금까지 여전히 같은 생각을 하고 있습니다.

남는 게 없어야지, 그것이야말로 진정한 수행입니다.

칼수좌

2008년 동화사 금당선원에서 동안거를 날 때였습니다. 차를 마시다 한 선배스님께서 이러한 말씀을 해주십니다.

"스님은 모르겠지만 말야, 30년 전만 해도 선원 분위기가 지금하고는 확연히 달랐어. 지금 스님들은 얌전해서 모두들 자기 공부를 차분히 잘 해내가고 있지. 하지만 30년 전에는 아녔어. 워낙 괴팍한 스님들이 많아서 공부 분위기가 험악해지는 경우도 많았거든. 이를테면 칼수좌라는 사람도 있었지."

칼수좌는 품 안에 항상 칼을 품고 다니는 수좌였습니다. 그래서 칼수좌입니다. 그 칼수좌가 방부를 들이기 위해 다른 대중들과 함께 지대방에 있을 때였습니다. 칼수좌가 품속에서 칼을 꺼내 들더니 본인 주변으로 네모난 영역을 그렸습니다. 그리고는 칼끝을 위로 치켜들고는 대중들을 향해 경고했습니다.

"만일 이 안으로 들어오기라도 한다면, 알지?"

단순한 기행을 넘어서 그렇게 칼이라는 무기로 위협까지 하니, 분위기는 삽시간에 얼어붙었습니다. 그런데 이 같은 소식을 전해 듣고 한 어른스님이 곧장 칼수좌 앞으로 가셨습니다.

"그래 자네가 칼수좌야? 그 안으로 들어가면 자네가 나를 찌르는 거고?"

그러더니 어른스님께서는 그 자리에서 모든 옷을 벗고는 칼수좌가 그려놓은 틀 안으로 들어갔습니다. 아무런 흔들림 없이 칼수좌를 쩨려보는 어른스님의 눈빛에 칼수좌는 어쩔 줄 몰라하더니, 결국엔 자신이 만든 틀에서 스스로 나가버렸습니다. 이후 칼수좌는 아무 말 없이 걸망을 싸고는 선원을 떠났습니다. 이것이 제가 한 선배스님에게서 듣게 된 칼수좌 이야기입니다.

'수좌들의 고향'이라 부르는 봉암사에서 수좌들에게 선 공부를 지도해주셨던 적명 스님께서는 이러한 말씀을 남겨주셨습니다.

"수좌의 가슴은 천 개의 칼이요, 만 장의 얼음이어야 한다."

수좌는 스스로 안이해지는 마음을 언제든 단번에 잘라내야 한다는 가르침으로 어른께선 이렇게 상징적으로 칼을 언급하셨습니다. 하지만 칼수좌는 그런 상징의 칼이 아닌 실제 칼을 품속에 가지고 다녔습니다. 그런데 도대체 칼수좌가 왜 칼을 가지고 다녔던 것일까요? 사람들에게 겁을 주기 위해서? 자신이 위협적인 사람인 걸 드러내고 싶어서? 혹 자신 공부의 경계가 날카로움을 드러내기 위해서? 아닙니다. 이는 칼수좌의 성품도 아니었고 살림 역시 아니었습니다. 제가 이해하기에 칼수좌는 그저 심성이 약한 사람이었습니다.

마음이 어수선하고 두려움이 많기 때문에, 칼이라도 쥐고 다니면서 허공에 없는 구역이라도 만들어냈던 것입니다. 그래야지만 다른 이들이 본인을 함부로 대하지 못하기 때문입니다. 칼수좌는 그렇게 심성이 유약한 사람이었습니다. 그리고 어른스님은 칼수좌의 심성을 미리부터 파악하고 계셨습니다. 칼을 들고 사람들을 위협하지만 사람을 찔러본 경험도 없음을 아셨던 것입니다. 그래서 뜻밖의 대응을 접한 칼수좌는 아무 말 없이 자리를 뜰 수밖에 없었던 것입니다.

칼수좌는 '칼'이라는 조건 없인 그 누구도 아니었습니다. 그 어떤 도구와 조건에 의해서 의미를 갖출 수 있는 존재는 미약하기 짝이 없습니다. 그러나 진정으로 강한 사람은 도구나 구역, 그 어떤 조건에도 의존하지 않습니다. 칼수좌가 칼을 움켜쥐고 있는 데 반해 어른스님은 그저 맨몸일 뿐이었습니다. 칼수좌가 그 자그마한 영역을 고수하려 했던 반면에 어른스님은 본래 없는 그 영역의 틀마저도 깨뜨려버렸습니다. 진정한 힘과 자유는 그러한 조건에 의해서 나오지 않습니다. 그 조건이 아무런 걸림이 되지 않을 적에, 오히려 그 조건들을 자유롭게 활용하는 사람이 진정으로 힘 있는 자이고 자유로운 존재입니다.

가끔은 생각이 납니다.

지금의 칼수좌는 스스로 칼을 버리고 자신이 만든 좁은 틀에서 뛰쳐나갈 수 있을까요.

한 분이 물었습니다.

"저는 바른 수행의 길만 가고 싶어요. 시행착오를 하면서 시간을 낭비하고 싶지 않아요. 그러기 위해서 무엇이 바른 수행의 길이 될까요?"

이에 제가 대답했습니다.

"수많은 전생 동안 수행의 공덕을
쌓아놓으신 부처님도 6년간 고행과
선정이라는 수행을 하셨습니다.
그러나 마침내 고행도 선정도 아니라는
것을 아시고는 보리수 아래에서
정진하실 때 새벽별을 보고
깨달으셨습니다. '어떤 의미'로서
부처님도 이러한 시행착오를
겪으셨던 것이지요. 근데 왜 본인만은
시행착오를 겪으면 안 된다는
말씀을 하시는 걸까요?"

죽어야 산다

사람은 틀을 가지고 다닙니다. 이 틀로 사람을 재단하고 세상을 이해합니다. 그런데 이 틀은 어디 딴 데서 온 게 아닙니다. 우리 스스로 만들었기에 당연히 스스로 짊어지고 다니는 것입니다. 그렇기에 그 틀로 생성되는 분별이나 번뇌, 고통도 우리 스스로 받아야만 합니다. 금으로 만든 틀이어도, 제아무리 값비싼 틀이어도, 결국에 틀은 틀입니다.

틀은 우리를 지켜줍니다. 하지만 동시에 우리를 묶습니다. 이것이 틀입니다.

수행의 목적은 단순 명확합니다. 이 틀을 벗어던지는 것입니다. 그래서 틀로부터 해방되는 것입니다. 제아무리 세상이 시원하고 명확하게 보이는 듯한 백척간두라도, 이 또한 틀입니다. 백척간두에서 한 걸음 내디뎌 죽어야 합니다. 반드시 죽음의 결단을 내려야만 합니다. 사람들은 틀을 벗어나면 죽는 것이라 생각합니다. 그래서 틀을 벗어나길 두려워합니다. 하지만 죽는 것은 이 세상에서 가장 견고한 실체로서의 틀, 바로 나입니다.

대사각활大死却活, 크게 죽을 때 도리어 살아납니다. 내가 죽을 적에야 비로소 이 한정 없는 눈앞이 살아나는 것입니다. 동시에 그 모든 생사가 인연에 맞는 진실한 모습들로 살아납니다. 백척간두에서 한 걸음 더 내디디면 과연 죽는 것일까요. 과연 죽음이 최종의 결론일까요?

아닙니다. 그때부터는 허공을 거닐며 살아가게 될 것입니다.

마음을 들키는 일

세계일주를 마치고 순천에 있는 송광사 수선사로 동안거 들어가기 전의 일입니다. 순천이 남녘에 있긴 해도 그래도 겨울 안거인지라 겨울옷을 챙겨야 하는데 마땅한 내복이 없었습니다. 그래서 이래저래 알아보니 '히트텍'이라는 게 값도 저렴하고 효율도 좋아서 사람들에게 인기가 많았습니다. 그래서 온라인 사이트에 들어가 보았습니다. 그런데 저와 같이 겨울을 준비하는 사람들이 많았던 이유 때문인지, 히트텍 제품 거의 모두가 품절이었습니다. 특히나 제가 선호하는 디자인에 제게 맞는 치수의 내복이 죄다 동이 나 있었습니다. 그렇게 저는 히트텍 구입을 포기할 수밖에 없었습니다.

그런데 사나흘 뒤 즈음해서, 평상시 저와 왕래가 있던 두 분께서 택배를 보내왔습니다. 택배 상자를 확인하는 순간, 속으로 '아차!' 하는 탄식이 쏟아졌습니다. 그분들께서 저에게 보낸 것은 모두 히트텍이었습니다. 그렇게 해서 저는 졸지에 히트텍 세 벌을 얻게 되었습니다. 그런데 제가 구하지 못한 히트텍을 공양받으면서도 속으로는 마음이 불편했습니다. '내가 공부하는 수준이 참 형편없구나'라는 생각이 드는 이유 때문이었습니다. 보통의 경우 내가 원하던 물품이 현실에서 눈앞에 나타난다면, 많은 사람들은 '간절히 바라면 이루어진다'라는 식의 '시크릿'다운 해석을 합니다. 하지만 저는 공부 기준이 달랐습니다. 조사스님들이 사셨던 삶이야말로 저에겐 바른 수행의 모습이었습니다. 이러한 기준 때문에 저는 저의 마음 공부가 형편없음을 깨닫고 깊이 반성하게 된 것이었습니다.

백장 스님에게 다음과 같은 일화가 전해져 내려옵니다. 어느 날, 백장 스님께서 주무시는데 갑자기 따뜻한 물이 드시고 싶었습니다. 그래서 시자를 불렀는데 시자가 깊은 잠에 빠졌는지 대꾸를 하지 못했습니다. 그런데 조금 있다가 누군가가 시자가 지내는 방의 문을 두드렸습니다. 그리고는 시자를 깨워 백장 스님이 따뜻한 물을 찾는다고 일러주었습니다. 그렇게 잠결에 일어나게 된 시자는 물을 끓여서 선사의 방으로 찾아갔습니다. 그러니 백장 스님께서 의아해하며 물었습니다.

"도대체 이 한밤중에 누가 너에게 물을 끓여오라고 시켰느냐?"

시자는 그 누군가가 방문을 두드리며 스님이 따뜻한 물을 찾는다고 일러주었다고 말했습니다. 이러한 시자의 대꾸를 듣고 백장 스님께서는 깊게 탄식하셨습니다.

'내가 수행하는 법을 모르는구나. 내가 만일 제대로 수행했다면 사람도 느끼지 못하고 귀신도 알지 못해야 하는데, 나는 오늘 토지신에게 내 마음을 들켜버렸구나!'

남전 스님에게도 비슷한 이야기가 전해져 옵니다. 선사께서 평상시 농막을 출입할 적에 남에게 알리는 일이 없으셨습니다. 그런데 어떻게 농막에 들를 시간에 맞추어서 항상 공양이 준비되어 있었습니다. 그래서 남전 스님은 농막을 지키는 일꾼에게 물었습니다. 그러자 그는 지난밤에 토지신이 와서 남전 스님이 이때 오신다며 미리 일러주었다고 말했습니다.

그러자 남전 스님께서는 탄식하셨습니다.

'아이쿠야, 내가 수행의 힘이 없어서 귀신에게 들켜버린 것이구나!'

우두 법융 스님에게도 다음과 같은 일화가 있습니다. 우두 스님이 우두산 북쪽의 바위굴에 앉아서 정진하실 때면 온갖 새들이 꽃을 물어다 스님 주변에 공양을 올렸습니다. 이에 4조 도신 스님께서 우두산에 기이한 사람이 있는 줄 아시고 몸소 찾아가게 되셨습니다. 우두 스님이 좌정한 모습을 본 도신 스님이 물었습니다.

"그대는 무엇을 하는가?"

이에 우두 스님이 답했습니다.

"저는 마음을 관觀합니다."

이에 도신 스님이 다시 물으셨습니다.

"관하는 것은 누구의 마음이며, 그 마음은 또 어떤 물건인가?"

우두 스님은 말문이 막혀 대답을 할 수 없었습니다. 이로써 우두 스님은 도신 스님께 절을 하고 제자의 예를 갖추어 가르침을 청하게 됩니다. 도신 스님으로부터 선의 정법을 배운 뒤에야, 우두 스님의 안목은 온전히 열리게 되었고, 모든 종류의 상相을 비울 수 있었습니다. 이후론 새가 꽃을 물어다 주는 일도 더이상 없었습니다.

사실 온라인 사이트에서 히트텍을 구하지 못한 뒤에 저는 '뭐 어떻게든 되겠지'라고 생각했습니다. 그러던 마음 한편에는 또한 '어떻게 구해질 때가 오겠지'라는 생각도 있었습니다. 아마도 그 찰나였을 것입니다. 저의 이러한 생각이 광활한 마음의 세계로 들어가 다른 사람의 마음으로 그대로 전달이 되어버렸던 듯합니다. 어떤 면으로는 그러한 저의 생각이 그분들에게 '읽혀졌다'고도 말할 수도 있습니다. 그러한 까닭에 그분들께서 저에게 히트텍을 사 보낸 것이었습니다.

제가 만일 조사스님들의 철저한 수행관이나 살아오신 원칙을 알지 못했더라면, 저는 '내가 바라던 히트텍이 이렇게도 왔구나!' 하면서 좋아했을지도 모릅니다. 그러나 이는 큰 착각일 것입니다. 택배로 배달된 히트텍을 물끄러미 바라보면서 저는 생각했습니다.

'내 마음이 이토록 많은 흔적을 남겨버렸구나.'

절집에 있다 보면 이러한 '히트텍'과 같은 사연들이 넘쳐납니다. 하지만 이러한 경우를 두고, '부처님 법이 이렇게 신통묘용하구나'라거나 '내가 공부를 열심히 하니 이러한 가피로 오는구나'라고 착각하면 안 됩니다. 여러 선지식들께서는 당신의 마음이 함부로 새어나감을 무척이나 경계하셨습니다. 그러나 뭇 중생들은 스스로의 마음을 단속하지 못하고 망상과 욕망이 현실화되어서 나타나는 가피에 빠져드는 경우가 많습니다. 그러면서 부처님 법을 믿으면 나에게 더 많은 좋은 일들이 벌어질 것이라 기대합니다. 그렇게 자신의 개인적인 바람을 부처님 앞에 더욱 크게 바라고야 맙니다. 가피라는 의미로 꾸며진 자신의 욕망을 말입니다.

그 해 송광사에서 동안거를 보내는 내내 히트텍을 입을 때마다, 저는 스스로를 이렇게 경계했습니다.

공부는 영험이 없고, 망상만 재주를 부리고 있구나, 원제야.

조심히 살펴가자꾸나.

마음 그릇의 크기

절집에는 법기法器라는 말이 있습니다. 깨달음으로 들어가기에 뛰어난 근기의 인물을 법기라 칭하는 것입니다. 역대 수많은 선지식들의 일화들을 보면 처음부터 남달랐던 안목이나 수행력으로 법기라는 평가를 받기도 했습니다. 그렇다면 과연 이 법기는 처음부터 정해진 어떤 특정 인물을 뜻하는 것일까요? 저는 그렇게 생각하지 않습니다.

사람의 마음은 종종 그릇에 비유됩니다. 그렇기에 그 마음 그릇이 크면 클수록 더욱 큰 법을 담을 수 있기에 좋은 그릇이 됩니다. 그런데 사람의 마음 그릇은 처음부터 크기가 정해져 있는 것이 아닙니다. 왜냐하면 비워낼수록 커지는 것이 바로 사람의 마음 그릇이기 때문입니다.

우리가 수행을 해나가는 것은 그렇게 마음을 비워냄으로써 우리의 마음 그릇을 크게 만들기 위함입니다. 그렇기에 법기는 태어나면서부터 정해진 그 어떤 뛰어난 수행자를 가리키는 것이 아닙니다. 무수한 삶의 경험을 치러내가면서, 그 마음에 집착하고 분별하는 바를 잘 비워낸 수행자를 두고 법기라 부를 수 있는 것입니다.

그런데 제아무리 크고 좋은 모양을 갖춘 그릇이라고 해도 법에 비견되지는 못합니다. 법은 본래 무한하여 크기도 경계도 없지만, 그릇은 그 크기와 모양이 한정되어 있는 까닭입니다. 그러나 한정된 그릇이 무한한 법을 담을 수 있는 유일한 방법이 있습니다. 그것은 바로 그릇이 깨지는 것입니다. 모양과 크기라는 틀을 벗어날 수 있다면 그릇은 활달하게 열리며 전체로 확장됩니다.

사람의 마음 그릇도 마찬가지입니다. 몸과 생각이라는 착각의 틀에서 완연하게 벗어날 수 있다면, 사람의 마음은 허공이 되어 세상 그 모두를 품을 수 있게 됩니다. 깨지는 것은 몸과 생각 그 자체가 아니라, 이에 대한 우리의 잘못된 착각입니다. 우리 자신이 몸과 생각으로 존재한다고 믿고 있는 잘못된 망상과 집착인 것입니다. 그렇기에 우리가 몸과 생각에 대한 집착만 벗어날 수 있다면, 오히려 이 몸과 생각을 상황에 알맞게 잘 써먹을 수도 있게 됩니다.

무엇이 중생이며 또 무엇이 부처이겠습니까. 몸과 생각에 집착하여 도리어 그 몸과 생각에 부림을 받기에 중생이라 부릅니다. 하지만 집착하는 바 없이 그 몸과 생각을 인연에 맞게 잘 부릴 수 있다면 그 사람은 부처와 다를 바 없습니다.

어머니의 기도문

오래전부터 기도는 대상이나 상황에 대한 기복의 측면이 강했습니다. 이를테면 입사나 승진, 결혼, 득남, 건강, 시험 합격처럼, 특정한 일이 잘 해결되기를 바라거나 긍정적인 상태가 지속되기를 바라는 것이 대부분의 기도였습니다. 이러한 기도들을 마냥 부정할 수 있는 것은 아니지만, 저는 기도가 이러한 기대나 욕망 충족 차원에만 머물러서는 안 된다고 말하고 있습니다. 부처님 앞에 자신의 요구 사항을 밝히며 정성을 들이는 것은 기도라기보다는 거래에 가까워 보이는 이유 때문입니다. 기도는 거래가 아닙니다. 부처님 앞에서 자신의 원력을 드러내어 본인의 삶을 성찰하고 이 원력을 반복해서 다짐하는 것이 진정한 의미의 기도입니다.

그래서 저는 모든 어머니들에게 단 한 가지 기도문만을 드리고 있습니다. 그것은 바로 '자녀를 잘 보살피는 엄마가 되겠습니다'입니다. 이 기도문에는 자녀가 성적이 잘 나온다든가, 우수한 대학에 들어간다거나, 좋은 직장에 취업한다는 내용이 없습니다. 오직 자녀를 잘 보살피겠다는 본인 스스로의 성찰과 노력만이 있습니다. 대상이나 상황에 집중된 것은 수행이 아닙니다. 나 자신이 정화됨으로써 견고해지고, 그러함으로써 자연스럽게 대상이나 상황마저도 정화되는 것을 확인하는 과정이 바로 수행입니다. 나로 돌아오며 나 자신을 끊임없이 성찰하고 정화하기에 수행인 것입니다.

욕망과 수행의 차이는 분명합니다. 대상이 바뀌길 바라는 것은 욕망이고, 자신이 바뀌는 것이 바로 수행입니다. 그렇기에 바른 기도는 대상을 향한 시선을 자기 자신에게 돌리는 것입니다. 기도가 욕망 성취가 아니라 수행이 되려면, 대상이나 상황이 자신의 뜻에 따라 변모하기를 원할 게 아니라 자신이 바뀌어야만 하는 것입니다.

이러한 차원에서 '자녀를 잘 보살피는 엄마가 되겠습니다'라는 기도는 근원을 변화시키는 수행입니다. 자녀라는 대상에서 나로 돌아오는 수행이고, 자녀가 접하는 상황에서 나의 원력을 다지는 수행입니다. 이처럼 근원으로 돌아오고 원력을 다지는 여정이기에 이 기도 수행이 길고 더디게 느껴질 수 있습니다. 하지만 이 길고 더딘 수행이 잘 이루어질 수만 있다면, 우리가 하는 기도는 견고한 기반을 가지게 됩니다. 자녀가 속하게 된 상황은 끊임없이 변화합니다. 나의 기대에 맞게끔 변화할 수도 있지만 그렇지 않은 일도 많습니다. 하지만 자녀를 잘 보살피겠다는 나의 원력이 견고하다면, 그 언제든, 무슨 상황이든 어머니는 자녀에게 든든한 안식처가 됩니다.

부처님은 거래의 대상이 아닙니다. 내가 이러한 기도를 이토록 열심히 했으니 우리 자녀가 좋은 상황에 들어가게 해달라고 요구하는 것은 거래 심보로 부처님을 대하려는 태도입니다. 바른 기도는 나의 원력을 부처님 앞에 남김없이 드러내고, 이것을 면밀하게 수행하고 있는지를 스스로 반성하는 것입니다. 그렇기에 바른 기도는 오직 나로 돌아오는 원력의 다짐만이 있을 뿐입니다. 그러할 때 부처님은 증명 법사입니다. 그렇게 나로 향하는 원력의 다짐이 견고함으로 이루어졌을 때 비로소 수행이 잘 익

어가고 있음을 은은한 미소로 한결같이 증명해주시는 분이 바로 부처님
이신 것입니다.

나의 안목은 얼마짜리인가

학교 다닐 때, 교수님 한 분이 이런 말씀을 하셨습니다.

"성인 한 분이 세상에 나오면, 온 세상이 광명으로 빛난다고 합니다. 그런데 요즘 세상에는 그런 성인이 도무지 보이질 않네요. 그래서 세상이 이처럼 어두운 건지도 모르겠습니다."

이 말을 들으며 저는 생각했습니다.

'정말 그러할까.'

도봉산을 산행하는데 한 도반스님이 말합니다. 지금의 시대에는 제대로 된 선지식이 한 명도 없다고 합니다. 예전에는 그나마 도인들이 많아서 공부하기가 좋았는데, 지금은 선지식이 없어서 공부하기가 힘들다는 말을 합니다. 그래서 제가 도반스님에게 물었습니다.

"그렇다면 스님은 과연 선지식이 나타나면 알아볼 수 있는 안목이 있기나 하고요?"

법당에 들어선 장님이 말합니다.

"내 지금껏 이 법당에 그렇게 색색이 아름답게 수놓여진 단청이 있다고 들었는데, 지금 내 눈에는 온통 새까만 것들밖에 없구만. 말짱 거짓말이었어."

이러한 장님을 보며 우리는 그저 침묵할 뿐입니다. 눈뜬장님은 부처와 예수가 지금 이 세상에 다시 나온다 하더라도, 수천 년 전 당시에도 그러했던 것처럼 부처와 예수를 험담하기에 바쁠 것입니다.

'저런 사람이 무슨 부처고 무슨 예수냐. 내가 아는 부처는 저런 말을 하지 않고, 내가 아는 예수는 이런 행동을 하지 않아.'

수천 년 전이나 지금이나 마찬가지입니다. 가난한 마음으로는 가난한 것들만 보이기 마련인 것입니다.

마음 바깥의 일이란 없습니다. 마음을 벗어나는 것이 없기에 온통 나의 일입니다. 이 전체로, 그 모든 것이, 그 어떤 빈틈없이 나의 일인 것입니다. 내 안목만큼 그렇게 세상이 펼쳐지는 것입니다. 경허 선사는 게송에서 당신의 안목을 이렇게 드러내기도 하셨습니다.

산빛은 문수의 눈이요,
물소리는 관음의 귀로다.
'이랴 쯔쯧!' 소 부르고 말 부름이 곧 보현이요,
장 서방, 이 첨지가 본래 비로자나로다.

116

침묵을 듣고 침묵을 보다

선가에는 침묵에 관한 몇 가지 고칙들이 소개됩니다.《벽암록》65칙, '세
존의 침묵世尊良久'에는 부처님을 찾아온 한 외도外道가 있습니다.

　　외도가 부처님께 여쭈었다.
　　"말이 있는 것도 묻지 않고, 말이 없는 것도 묻지 않
　겠습니다."
　　세존께서 말없이 한참 계시니, 외도가 찬탄하며 말
　하였다.
　　"세존께서 대자대비하시어 저의 미혹한 구름을 열
　어주시어 저로 하여금 도에 들어갈 수 있게 해주셨
　습니다."
　　외도가 떠난 뒤에 아난이 부처님께 여쭈었다.
　　"외도는 무엇을 얻었기에 도에 들어갔다 말하였습
　니까?"
　　부처님은 말씀하셨다.
　　"훌륭한 말은 채찍 그림자만 보아도 달려 나가느
　니라."

또한 《벽암록》 67칙에는 '부대사휘안傳大士揮案', 즉 경상을 두드린 부 대사의 이야기가 소개됩니다.

> 양무제가 부 대사를 초청하여 《금강경》을 강의하
> 게 하였다. 부 대사가 법좌 위에서 경상을 한 번 후
> 려치고 바로 자리에서 내려와 버리자, 무제는 깜짝
> 놀랐다. 이에 지공 스님이 물었다.
> "폐하께서는 이를 아시겠는지요?"
> "모르겠군요."
> "부 대사는 《금강경》 강의를 마쳤습니다."

사람들은 말에 너무나 익숙합니다. 경전이 그러하고 설법이 그러합니다. 경전 속에 무언가 깊은 깨달음이 있고, 설법에 신묘한 도리가 있을 것이라 여깁니다. 하지만 경전과 설법은 말 있음의 병을 치료하기 위한 일종의 약입니다. 그런데 분명히 알아야 합니다. 약도 엄밀한 의미에서 독입니다. 말에 집착하는 병을 없애기 위해, 경전과 설법이라는 또 다른 말이라는 형태의 독약을 쓰는 것입니다. 이것이 바로 이독치독以毒治毒의 원리입니다.

유무에 집착하고 있으면, 침묵은 단지 소리 없음일 뿐입니다. 그러나 있음도 아니고 없음도 아니요, 없을 때에도 있고 있을 때에도 없는 것, 이것이야말로 진정한 의미의 침묵입니다. 비록 외도이기는 할지언정, 이 외도

는 말 없는 설법을 들을 준비를 잘 마치고 부처님을 찾아왔습니다. 그래서 부처님의 침묵에 곧장 깨닫고 부처님을 그토록 찬탄한 것입니다. 이 공부는 특이합니다. 말과 법이 아닌, 침묵을 들을 수 있어야지 비로소 제대로 공부하는 것이기 때문입니다. 그런데 침묵은 듣는 것만이 아닙니다. 침묵은 또한 보는 것이기도 합니다. 부 대사는 침묵을 잘 보여주었습니다. 부 대사는 단상 위에 '잘' 올라갔고, 경상을 한 번 '잘' 쳤으며, 단상 위에서 다시 '잘' 내려왔습니다. 부 대사는 이렇게 침묵을 잘 보여준 것이었습니다.

이 침묵의 설법을 보고 들을 줄 알아야지 참된 공부인입니다. 침묵의 설법을 듣지 못한다면 산속에서 천년만년 동안 좌선 수행을 한다 해도 소쩍새 울음에 온갖 망상이 출몰하게 될 것입니다. 하지만 침묵의 설법을 볼 수만 있다면, 종로 거리의 화려한 네온사인도 여실한 법음으로서 화려하게 반짝이고 있을 것입니다.

책임의 무게

"사람은 물론 실수를 할 수 있습니다. 그러나 분명한 차이를 두어야 할 필요도 있었습니다. 20대나 30대에 하는 실수는 실수라 부를 수 있겠지만, 사람이 나이 마흔을 넘어 쉰 이후부터는 더이상 실수라고 부르지 못할 수도 있습니다."

"아니 스님, 나이 먹는 것도 서러운데, 왜 그렇게 사람을 나이에 따라 차별하시는가요?"

"아닙니다. 저는 나이를 말하는 것이 아닙니다. 저는 나이를 먹는 만큼의 시간에 대한 책임을 말하는 것입니다. 20, 30대엔 인생을 배워가느라 다양한 경험도 하고, 의도치 않은 실수도 하며, 자기 스스로의 반성도 합니다. 그런데 나이 쉰 이후는 다릅니다. 50세를 넘어서 왜 실수마저도 조심해야 하느냐면, 그것은 스무 살을 넘긴 후 30년만큼의 시간에 대한 책임의 무게 때문입니다. 사람은 자신이 행한 실수에 대한 책임을 지어야 하는 것뿐 아니라, 자신이 살아온 시간에 대한 책임도 함께 져야만 하기 때문입니다."

그래서입니다. 똑같은 일이라 하더라도 20대엔 실수라 부르는 것들이, 50세를 넘어서는 실수가 아니라 곧장 인격으로 평가받습니다. 그렇기에 나이를 먹는다는 것은 무서운 일입니다. '세월이 이렇게 속절없이 흘러갔네'라고 과거를 회상하며 예전 같지 않은 체력이나 몸 상태를 걱정만

할 때만이 아닌 겁니다. 내가 알든 모르든, 받아들이든 받아들이지 못하든, 자신이 살아온 시간에 대한 책임의 문제가 여실하게, 그리고 차곡차곡 다가오고 있기 때문입니다.

그래서 말합니다. 사람은 자신의 늘어나는 주름살을 보며 '세월'이라는 단어만 읊조리면 안 된다고, 이보다 '책임'이라는 단어가 먼저 떠올라야 한다고, 그렇게 말하고 있습니다.

자신감은 어디에서 오는가

JYP 엔터테인먼트를 주축으로 일본에서 진행 중인 〈니지 프로젝트〉라는
게 있습니다. 일본의 아이돌 그룹을 결성하기 위한 프로젝트인데, 오디션
을 통해서 선발된 친구들이 서로 경쟁을 하면서 박진영 PD로부터 춤과
노래, 스타성, 인성을 평가받습니다. 그런데 이 프로젝트 영상 중에 제 관
심을 끈 한 장면이었습니다. 힐만이라는 친구가 ITZY의 〈달라달라〉 춤을
추었는데, 그녀는 박진영으로부터 혹평을 받게 되었습니다. 박진영은 힐
만의 춤을 보고 '본선에 들어오기까지 두 달 동안, 연습은 안 하고 놀다 온
사람 같다'며 질책했던 것입니다. 어린 소녀 힐만은 떨리는 목소리로 말
했습니다. 그녀는 스스로 춤을 잘 추지 못한다는 사실을 알고는 우울해진
마음에 그간 제대로 연습을 하지 않았다고 고백했습니다. 일반적인 경우
이렇게 자신감이 떨어지고 주눅이 든 친구에게 마음을 편히 가지라든가,
조금만 더 노력하면 잘할 수 있을 거야, 라는 식의 위로하는 말을 건넬 수
도 있을 것입니다. 하지만 박진영 PD는 달랐습니다. 위로는커녕 삶의 엄
정한 진실을 말해줍니다.

"자신감은 어마어마한 연습에서 나와요."

오디션이라는 프로그램의 속성도 있겠지만, 우리의 삶에서 위로가
아닌 뼈아픈 직언이 무척이나 소중할 때가 있습니다. 동정 어린 위로뿐
아니라 사려 깊은 채찍질도 알고 보면 자비의 한 모습이기 때문입니다.

힐만은 물론 뛰어난 재능을 가진 친구였습니다. 하지만 그 재능을 살리는 것은 본인의 노력과 연습입니다. 박진영은 연습을 하게끔 자극과 조언을 주는 사람이지, 연습마저 시켜주는 사람은 아닙니다. 이것은 마치 부처님께서 비유하시길 당신은 훌륭한 의사와 같아서 병을 알아 약을 일러주신다고 하셨지, 그 약을 알면서도 먹지 않는 것은 의사의 허물이 아니라고 말씀하신 것과 같습니다. 좋은 선지식이란 이처럼 상대방이 스스로 마음을 다잡고 자발적으로 연습을 하도록 자극과 조언을 주는 사람입니다. 선지식이 약을 만들어서 직접 입안에 떠먹여 주지는 않습니다.

다만 선지식의 가풍이나 제자의 수준에 따라서 자극과 조언의 정도는 다를 수 있습니다. 뼈아픈 사실을 직시하게끔 곧장 지적하는 방식일 수도 있겠고, 사람에 따라서 아예 자존심을 뭉개버릴 수도 있습니다. 비록 그렇다 하더라도 본인의 재능을 살려내고 완성하는 것은 스스로의 노력과 연습이라는 기본의 사실은 변하지 않습니다. 수행도 마찬가지입니다. 제아무리 뛰어난 스승을 만나 지도를 받는다 하여도 스스로 마음을 밝히려 노력하지 않는다면 깨달음의 기연은 찾아오지 않습니다.

수행을 하지만 진전이 있는 것 같지 않아 고민 상담을 해오시는 분들도 있습니다. 그럼 저는 그런 분들에게 그간 어떤 수행을 어떻게 해오셨는지 물어봅니다. 그러면 공부가 안되는 이유가 나옵니다. 그런데 그 이유가 대개가 엇비슷합니다. 아직 충분한 노력을 하지 않은 것입니다. 공부에 있어서 방향성이라는 게 물론 중요하기도 하지만, 그보다 더 중요한 것이 간절한 노력입니다. 비록 방향이 약간 다르다 하더라도 어떠한 공부든 간절한 노력이라면 반드시 통하게 되어 있습니다. 이 간절한 노력에 대한 저의 기준이 꽤나 높아서일 수도 있겠지만, 공부에 있어 정체를 느꼈던 분들의 노력은 제가 보기엔 부족해 보였습니다.

물론 모두가 '나름대로' 열심히 수행을 합니다. 하지만 과연 '나름대로'가 충분할까요. 생사의 문제로부터 자유로워지기 위한 이 깨달음이 과연 '나름대로'의 수준으로 이뤄질 수 있을까요. 깨달음이라는 성취를 이룬 그 많은 스승들이 과연 '나름대로' 수행해서 그러한 자유에 도달할 수 있었을까요.

'나름대로'의 수행은 '나름대로'의 결과를 이끌어낼 뿐입니다. 공부에 진전이 없는 것은 어찌 보면 당연한 것입니다. 수행은 공부인들이 할 테지만, 삶 전체에서 노력은 그 모두가 합니다. 아이돌로 데뷔하기 위한 그 소녀들도, 그 소녀들을 트레이닝시키기 위한 제작자도, 깨달음을 얻으려는 공부인도 모두 노력합니다. 비록 방향이나 역할은 다를지언정 모두 노력하는 것입니다. 아이돌이 되기 위한 열망으로 십 대의 소녀들도 그렇게 '어마어마하게' 노력하는 것인데, 생사로부터의 대자유를 갈망하는 수행자가 과연 그렇게 '나름대로' 노력해서 되는 걸까요. 저는 박진영이 저렇게 툭툭 내뱉는 삶의 진실에 더욱 많은 공감을 하는 편입니다. 그가 한 말처럼 자신감은 어마어마한 연습에서 나옵니다. 그런데 수행이라고 다를까요. 자유는 어마어마한 노력으로 성취되는 것입니다.

그러나 잘 구분해야 합니다. 어마어마한 노력이 수행의 과정이기는 하되, 노력 자체가 진정한 수행은 아니라는 점입니다. 진정한 수행은 《육조단경》에서 혜능 스님께서 말씀하신 '무수지수無修之修'입니다. 무수지수란 '수행하는 바가 없는 수행'이라는 뜻입니다. 이는 수행하지 않는다거나 수행이 필요 없다는 뜻이 아닙니다. '수행하는 바가 없다는 것'은 수행을 한다거나 혹 수행을 하지 않는다 식의 대립되는 차별상이 떨어져 나간 것입니다. 그렇기에 수행을 특정의 행위로 정의한다거나 혹 그런 행위의 유무 여부로 나누는 그 모든 상相이 떨어져 나가는 것이라고 볼 수 있습니다. 그 모든 분별의 상을 떠날 때에야 비로소 진정한 수행을 하는 것이고, 이것이 본연의 의미로서 무수지수입니다. 그 모든 노력이 작위의 힘을 덜고 자연스러움으로 펼쳐지는 것, 그것이 바로 무수지수입니다.

무수지수는 자연스러움입니다. 그런데 이 자연스러움이 말 그대로 '자연스럽게' 얻어지는 것이 아닙니다. 박진영 식으로 말하자면 이 자연스러움은 어마어마한 애씀으로 익어지는 것입니다. 온갖 분별상이라는 것도 수행이라는 노력 과정을 통해서 떨어지게 되어있지, 아무것도 않는다거나, 생각이란 알음알이를 통해서 해결되는 문제가 아닙니다. 비록 어록에 구체적으로 명시되어 있지 않지만, 선문의 수많은 조사들도 어마어마한 노력과 시행착오를 거치셨습니다. 혜능 스님으로부터 '한 물건'이라는 말에 꽉 막혀서 앞으로 가지도 뒤로 물러서지도 못한 남악 스님의 그 무수한 애씀도 기록에선 그저 '8년'이라는 단 하나의 단어로 압축되어 나타날 뿐입니다. 노력이란 당연한 것이기에 길게 설명하지 않는 선의 가풍입니다. 그토록 공부의 근기가 뛰어난 남악 스님도 8년 동안 무던히 애쓰셨습니다. 한데 고작 일이 년 '나름대로' 애쓴 걸 가지고 공부가 잘되지 않는다며 푸념한다면 그것이 과연 합당한 일일까요.

저는 지금껏 수행이라는 것이 인위적인 조작이라 말해오기도 했습니다. 하지만 수행이란 분별망상과 실체화라는 미망에서 벗어나기 위해

'어쩔 수 없이' 치러내야 할 조작입니다. 수행이 최종의 목표는 아니지만, 필수의 과정이라는 것입니다. 그렇기에 이 수행에는 '어쩔 수 없이' 애씀이 필요합니다. 수행이라는 연습이 삶이라는 호흡처럼 자연스러워지기 위해서 '어쩔 수 없이' 노력이 필요하다는 것입니다. 그렇게 애를 쓰고 애를 쓰다 보면 나중에는 애를 쓰지도 않고 연습이 호흡처럼 자연스러워질 때가 오기도 할 것입니다. 이때에는 더이상 이전같이 투철한 연습이 필요하지 않습니다. 이미 호흡처럼 익어져 자연스러움으로 살아갈 수 있기 때문입니다.

그런데 선문에서는 이 수행 과정에서의 애씀을 두고 '헛애'라 부르기도 합니다. 과정상 필요한 애씀이기는 하되, 무위無爲라는 자연스러움의 본분에서 보면 '헛된 애씀'이었음을 나중에서야 자각하기 때문입니다. 수행은 이 헛된 애씀을 쉬기 위해서 하는 것입니다. 그리하여 인위적인 애씀을 멈춤이 수행의 궁극적인 뜻이 됩니다. 이것이 진정한 의미의 무수지수입니다.

생각해보면 기막힌 아이러니입니다. 그렇게 무수한 시간과 공을 들이며 노력했던 '애'가 종국에서는 스스로를 '헛애'로 만들기 위해 어쩔 수 없이 필요했던 과정이라니 말입니다. 그러나 한번 숨 깊이 내쉬며 슬며시 웃고야 맙니다. 나쁠 건 없습니다. 다 필요한 일입니다. 어찌 보면 이 아이러니가 수행의 묘리妙理이고 또한 묘미妙味가 아니었던가요.

헛애가 될 줄 알더라도, 그렇게 슬쩍 한번 웃어주고 다시 애를 써주는 사람, 그 사람이 진정한 수행자입니다.

3 장

그냥 사는 듯,
흘러가듯,
자연스럽게

의미만 두지 않으면,
사람도 세상도
한가하고 좋다

깨달음은 '나'라는
작은 중심에서 벗어나,
중심 없는 중심으로서
이 커다란 전체로
안목이 확장되는 과정입니다.
'나'에 갇혀 산다면 세상은
온갖 의문투성이겠지만,
진정한 깨달음에 도달한다면
세상의 그 모든 일과 존재는
명백한 답으로서 생생하게
펼쳐지게 될 것입니다.

최선을 다하지 않으리라

동안거가 끝날 즈음하여, 한 어른스님이 물었습니다.

"그래 원제 스님은 이번 안거 정진 잘한 것 같아요?"

"네, 제 좌우명에 맞게 잘 지낸 것 같습니다."

"그래요? 스님 좌우명이 뭔데요?"

"네, '최선을 다하지 않으리라'입니다. 이 좌우명으로 잘 지내고 있습니다."

"거 이상하네. 최선을 다해야 수좌로서 잘 사는 게 아니겠어요?"

"네, 저도 예전엔 그랬습니다. 최선을 다하는 삶요. 하지만 이제는 최선을 다한다는 그 말에 더 이상 속지 않으렵니다."

어른스님은 저를 괴이하다 여겼습니다. 신심이 떨어져서 점차 퇴타頹惰하는 수좌라고 생각하셨는지도 모릅니다. 그러나 저는 더 이상 말하지 않았습니다.

노력하는 모습은 언제나 좋습니다. 제가 노력을 부정하는 것은 아닙니다. 저 역시도 부단히 노력하는 삶을 살아왔습니다. 그래서 꾸준히 수행하도록 사람을 독려하고, 게으르고 요령 피우는 사람들은 때때로 혼을 내기도 합니다. 이 공부는 성실하게 노력함으로써 그 기반을 쌓아갈 수 있기 때문입니다. 그런데 이 공부는 좀 특이합니다. 이 공부의 결실인 깨달음이 그러한 노력만으로 이뤄지는 것은 아니기 때문입니다. 오히려 그 노력이 멈춰지는 곳에서부터 진짜 공부가 시작되기 때문입니다. 노력하는 공부는 당연하고 가상합니다. 하지만 그것만이 지속된다면 인위에 억지입니다. 그러한 작위로서의 노력이 멈춰질 때부터 사실상 진정한 수행이 시작되는 것입니다.

그럼에도 애써야 합니다. 애쓰는 것에서 이 공부가 시작되기 때문입니다. 하지만 애쓰는 것으로만 그 살림을 삼아서는 안 됩니다. 그 애씀을 멈출 때에야 비로소 살림 없는 곳에서 온 살림이 펼쳐지게 됩니다. 이것이야말로 진정한 살림입니다. 애쓰면서도 애쓰지 않고, 애쓰지 않으면서도 애쓰는 것입니다. 이를 두고 혜능 스님께선 무수지수無修之修라 하셨습니다. 닦으면서도 닦은 바가 없고, 닦을 바가 없음으로 닦는 것, 이 묘한 닦음이 바로 무수지수인 것입니다.

그러나 애써야 합니다. 길을 나서지 않고서야, 그 시련을 거치지 않고서야, 어찌 여기가 내 집이 아닌 줄 알고 또 집에 돌아갈 뜻을 세울 수야 있겠습니까. 그렇기에 애써야만 한다는 것입니다. 그리하여 그 애씀을 멈추게 되는 곳에서 큰 집을 받아들이시면 됩니다. 우리는 처음부터 이미 이 큰 집에서 스스로가 온전하게 드러나 있음을, 그렇게 모든 것이 분명하게 살아있음을 스스로 확인하면 됩니다.

이 경계 없는 큰 집이 바로 눈앞目前입니다. 하지만 이 눈앞은 눈으로써 볼 수 있는 눈앞이 아닙니다. 그렇다고 눈앞을 떠난 것도 아닙니다. 우리가 보는 온 천하가 이렇게 눈앞에서 분명하게 드러나 있으니 말입니다. 달마 대사는 이 분명함을 두고 '확연廓然'이라 하였고, 승찬 스님은 '통연명백洞然明白'이라 하였습니다. 이렇게 확연하고 명백해야 합니다. 눈으로는 볼 수 없는 이 눈앞이 이토록 분명하고 확연해야만 이 공부가 제대로 익어가는 것입니다.

지공 선사는 《대승찬大乘讚》을 통해 이 눈앞에 대해 누누이 강조하셨습니다. 그 중 몇 구절 인용해봅니다.

대도大道는 항상 눈앞에 있지만
눈앞에 있다 해도 보기는 어렵네.

도의 참된 본체를 깨닫고자 한다면
빛과 소리와 언어를 없애지 말라.

언어가 곧 큰 도와 같은 것이니
번뇌를 없앨 필요가 없네.

번뇌는 본래 비고 고요한 것인데
허망한 생각들이 서로 얽히고설킨 것이네.

움직임과 그침이 모두 사라져 항상 고요하면
저절로 진여와 하나가 될 것이네.

대도는 수행으로 얻어지는 것이 아니나

수행을 설하는 것은 무명의 범부들을 위한
방편일 뿐이네.

이를 깨닫고 수행을 돌이켜 살펴보면
비로소 그릇되게 공부한 줄 알게 되리라.

집착이 없으면 그것이 바로 해탈이요
구함이 있으면 또 다시 생사의 그물에 걸리리라.

인자한 마음으로 일체를 평등하게 대하면
진여와 보리가 저절로 나타나리라.

만일에 나와 남이라는 두 마음을 품는다면
마주 대하고도 눈앞에서 부처님 얼굴을 보지
못하리라.

부처님의 서비스

절에 들어와 사미 수계를 하고 수도암 법당에서 기도를 할 때였습니다.
당시 법당에서 기도를 열심히 하시던 한 보살님이 기도가 끝난 뒤 저에
게 이런 말을 했습니다. 얼마 전 기도를 하고 나오는데, 법당 위에 아주 커
다랗고 파란 구슬이 신령스럽게 떠 있는 것을 보았다는 것입니다. 그 구
슬을 보며 참 신기하기도 하고 기분도 좋아서 마침 법당 소임자인 저에게
이 같은 내용을 전한 것이었습니다. 이에 저는 한번 웃어보이곤 보살님에
게 물었습니다.

"그래요, 보살님. 그런데 이런 일들은 왜 생기는 것 같은가요?"

"이거요? 부처님의 서비스지요. 공부하는 데 심심할까봐, 부처님이
중간중간에 보여주는 서비스!"

워낙 천진하고 솔직한 성품의 보살님이었습니다. 수행에서 보통 경
계境界라고 부르는 요소들을 '서비스'라고 부른 것에 저는 그만 크게 웃고
야 말았습니다. 그런데 찬찬히 생각해보면 서비스라는 말이 크게 틀린 것
도 아닙니다. 오히려 적절한 단어라는 생각도 듭니다. 어떤 차원에서 경
계라는 말보다 훨씬 낫다는 생각도 듭니다.

《능엄경》 말미에는 수행하면서 나타나기도 하는 '50변마장五十辨魔章'에
대한 설명이 있습니다. 색수상행식의 오온五蘊 각각에 10가지 음마陰魔가

있고, 이것들이 수행을 방해하기에 50변마장이라 부릅니다. 그 중에서 가장 흔한 것이 바로 초반에 언급되는 색음마상色陰魔相입니다. 수행 도중에 우리가 일반적으로 볼 수 없는 신묘하고 장엄하며 아름다운 것들을 접하게 되는 것입니다. 부처님이 불단에서 내려와 기도하는 수행자의 뺨을 어루만져주기도 하고, 열심히 기도하는 중에 불상이 방광放光을 하기도 합니다. 그리고 허공에서 부처님이 고귀한 내용의 설법을 해주시기도 합니다. 그러나 깨달음의 본원에서 보자면 이들 모두는 마상, 즉 환영이자 속임수입니다. 보살님이 법당 위에서 보게 된 파란 구슬은 공성보색空成寶色, 즉 마음으로 묘하고 밝은 성품을 정미롭게 연구하며 쉬지 않고 관찰하기에 문득 허공에서 나타난 칠보로 볼 수도 있겠습니다. 그러나 그 모든 모양과 소리로서 나타나게 된 것들은 결코 진리가 될 수 없습니다. 그렇기에 마상魔相이라 부릅니다.

2008년 동화사 금당선원에서 안거를 날 때였습니다. 당시 동화사 조실이셨던 큰스님과 소참을 나누었습니다. 당시 선원에서 나이로나 승랍으로 제일 막내였지만, 저는 공부인이라는 자부심이 컸습니다. 그래서 공부에 궁금한 것들이 있으면 막내임에도 선지식에게 곧장 물어보아야만 한다고 믿고 있었습니다. 그래서 소참 때 이렇게 물었습니다.

　　"스님께서 오늘 법회에서 우두 법융 선사의 일화●를 말씀해주셨습니다. 그런데 이와 연관 지어 질문이 있습니다. 옛 어른스님들께서는 공부를 지어나감에 있어서 '이 공부엔 선신善神과 신장神將들의 외호外護가 필요하다'라는 말이 있기도 한데, 과연 어떻습니까?"

사실 영 모르고 한 질문은 아니었습니다. 하지만 조실스님의 확답을 한번 듣고 싶었습니다. 조실스님은 간명하게 대답해주셨습니다.

"거, 몇 푼어치 안 되는 공부다."

예상하던 바대로였습니다.

《능엄경》은 온갖 신통하고 묘한 경계와 상태와 견해들이 나타나더라도 이에 속아 넘어가지 않고 잘 보내야 함을 '50변마장'을 통해 자세하게 설명했습니다. 마상이라면 삿된 경계이기에 당연히 물리쳐 없애야 할 것입니다. 새들이 꽃을 공양 올려도, 뭇 짐승들이 사람을 따른다 하여도 이를 신성하고 고귀한 일로 여겨서는 안 됩니다. 마음의 흔적이 여러 신통한 경계로 남게 된 것이라 보는 게 좋습니다. 그래서입니다. 법당 위에 뜬 파란 구슬을 두고 보살님이 '부처님의 서비스'라 부른 것은 영 틀리지는 않았다는 생각이 듭니다. 오히려 서비스라는 말이 더욱 친근하고 익숙하게 들립니다.

네, 그렇습니다. 서비스는 부가적인 것입니다. 본품이 아니라 본품에 딸려오는 부록과 같은 것들입니다. 50변마장이나, 선신이나 신장들의 외

☺
당 태종 시대, 우두 법융 스님은 도를 깨닫고 우두산에 기거했다. 도를 깨달은 스님이었기에 수많은 새들이 스님께 꽃을 물어다 공양을 올렸다. 스님이 계시는 암자 주위로 해서는 범과 이리가 지켰다. 이러한 우두 스님의 소식을 듣고 4조 도신 선사가 몸소 찾아와 우두 스님의 잘못을 혹독하게 지적하고 다시금 제대로 깨닫게 해주었다. 그제서야 비로소 새들은 우두 스님에게 꽃을 공양 올리지 않았고, 암자를 지키던 범과 이리도 떠나게 되었다.

호나, 새들의 꽃 공양이나 뭇짐승들의 호위와도 같은 이런 서비스에 속아 넘어가면 안 됩니다. 본품은 따로 있습니다. 그런데 신기하게도 이 본품에는 내용물이 없습니다. 내용물이 없는 것이야말로 진정한 본품입니다. 내용물은 무상하지만, 이 본품은 항상하기 때문입니다. 줄 수도 없고, 받을 수도 없고, 찾을 수도 없고, 찾지 못할 수도 없는 그런 본품은 언제나처럼 한결같이 있다는 것입니다.

바로 눈앞입니다.

가장 위대한 포기

한 사람이 물었습니다.

"어떻게 하면 '무아無我'를 경험할 수 있는가요?"

제가 대답했습니다.

"그런 '나'를 가지고는 '나 없음'를 경험할 수는 없습니다. '나'라는 실체를 가지고, 실체가 없는 '나 없음'이라는 진리에 다가설 수 없다는 것입니다. 애초부터 불가능한 시도입니다. 그렇다고 방법이 없는 건 아닙니다."

"그 방법이 뭔가요?"

"'나 없음'을 경험하는 유일한 방법은 실체로서의 '나'를 포기하면 됩니다. '나'를 내려놓을 수만 있다면, 그래서 눈앞이라는 실체 없음과 만나게 된다면, 그때부터 '나'는 온갖 진리가 오갈 수 있는 '통로'로서 살아나게 됩니다. 내가 실체나 중심이 아니라, 그런 진리가 자유롭게 오가는 '통로'가 될 적에, 내가 보고 듣고 느끼고 생각하는 오만 경계의 일들이 이윽고 낱낱의 생생한 진리로 살아나게 될 것입니다. 이것이 불교에서 말하는 성불하는 소식이며, 기독교에서는 늘 하나님과 함께하는 일입니다. 그래서 말씀드립니다. 이 세상에서 가장 위대한 포기는 바로 '나'의 포기라고 말입니다."

영적인 깨어남 이후의 삶

수행과 깨달음이 일반으로 확장되는 지금의 시대에 많은 이들이 영적으로 깨어나고 있습니다. 성현들이 각고의 수행 끝에 얻은 진리와 깨달음의 내용들이 성역없이 여러 방식으로 널리 퍼져나가고 있기 때문입니다. 그러한 까닭에 많은 이들이 영적 깨어남을 경험하고 있습니다. 하지만 여전히 문제는 남아 있습니다. 깨달음을 경험했음에도 그것이 삶의 경계로 여실하게 펼쳐지지 않는 문제 때문입니다. 그 이유는 단순합니다. 아직 깨달음이 체화되지 않았기 때문입니다.

영적 각성을 통해서 얻게 된 진리가 삶에서 힘을 발휘하기 위해서는 체화가 필수입니다. 그런데 체화는 어떤 형태로서 이루어질까요. 체화는 비움을 통해서 이루어집니다. '나'라는 실체화와 중심성의 착오를 벗어나 완전히 비워질 수만 있다면 체화는 면밀하게 이루어질 것입니다. 하지만 영적 깨어남을 경험한 사람들의 비움 정도는 아직 그 준비에 이르지 못했습니다. 깨달음의 민주화 시대인 만큼, 앎의 자량이 확대된 것은 무척이나 고무적인 일이지만, 이 깨달음이 흡수되고 구현되게끔 마음이 비워지지 않은 것은 아쉬운 일입니다.

그렇기에 수행이 필요한 것입니다. 수행은 이 마음의 분별을 쉬고, 동시에 마음 그릇을 키우는 보편의 방법입니다. 이 수행을 통해 '나'라는 실체로부터 '눈앞'이라는 전체로의 안목 확장이 일어납니다. 이 비움의 수행을 통해서 눈앞으로의 안목이 더욱 분명해지고 투명하게 다져집니다. 그럴수록 삶에서 펼쳐지는 낱낱의 인연과 경계는 진실함으로 확인됩니다. '앎'에서 '깨어남'의 전환을 맞이하게끔 하는 것이 수행이고, '깨어남'에서 '깨달음'으로 다져가며 이끄는 것도 바로 수행인 것입니다. 그래서 역대의 성현들은 이 수행을 통해서 안목을 여셨던 것이고, 수많은 사람들에게 깨달음의 감화를 펼쳐낼 수 있었던 것입니다.

우리가 처음에 접하게 되는 수행도 엄밀한 진리 근원의 관점에서 보자면 유위이며 조작입니다. 하지만 헛애도 써봐야, 종국에 그 헛애에서 벗어날 줄도 알게 됩니다. 간절하고 절실하게 애써보아야, 그 유위며 조작인 수행을 멈출 줄도 알게 되는 것입니다. 헛애도 끈질기게 써가며, 수행도 간절히 해나갈 적에야 비로소 우리는 '실체의 나'로부터 '전체의 눈앞'이라는, 이 거대한 패러다임의 전환을 맞이할 수 있는 것입니다.

'눈앞'은 절대적인 안정의 기반입니다. 만일 이 '눈앞'이 분명하게 다져진다면, 수행은 해도 옳고, 하지 않아도 옳습니다. '눈앞'은 안다 해도 옳고, 설사 모른다 해도 옳습니다. '눈앞'에서 세상의 그 모든 일들이 '실체의 나'가 아닌 '통로의 나'를 거치며 진실하게 펼쳐지고 있기 때문입니다. 그렇게만 된다면 세상의 그 모든 일들은 한 발짝도 움직이지 않고, 그 어떤 해석도 필요 없이 그 자체로 진실이 되고 선물이 됩니다. 세상은 고통이 아닙니다. 처음부터 이미 신비로 가득한 불국토였던 것입니다. 이 불국토에 입성하기 위해 단 하나의 관문만이 필요할 뿐입니다.

'나'에게서 확연히 벗어나 '눈앞'으로 돌아가는 것, 단지 이뿐입니다.

어설픈 명상가와 떡볶이 고수

누군가 저에게 찾아와 이렇게 말했습니다.

"저는 사람들에게 선한 영향력을 주는 사람이 되고 싶어요. 명상계의 스승이 되고 싶어요."

"음, 그런 생각은 하지 않으시는 게 좋겠네요."

"그럼 뭐, 제가 떡볶이 장수라도 할까요?"

"네, 훨씬 잘 어울려요."

저는 그렇습니다. 그 누군가에게 선한 영향력을 행사하려는 그 의도 자체가 선善하다고 보지는 않습니다. 선한 영향력은 자기의 의도성으로 이뤄지는 게 아니라, 타인의 평가를 거치는 결과로서 증명되기 때문입니다. 그렇기에 선한 영향력을 주기 위해서는 본인 스스로의 마음이 평온해야 하고, 사람들의 고민을 상대할 수 있게끔 역량도 갖추어야 합니다. 그러나 제가 대화를 나눈 이 분은 그러한 준비를 마치지 못했습니다. 사실 그렇습니다. 본인이 그렇게 역량을 갖추었다면, 자신이 그런 일을 한다는 생각 없이 이미 많은 사람들에게 선한 영향력을 보이고 있을 것입니다. 말하기 전에 이미 그리하고 있다는 것입니다.

'아무런 함爲이 없음에도 이미 그렇게 드러난다', 저는 이것을 진정한 의미에서의 선한 영향력이라 보고 있습니다.

제프 포스터라는 영성가는 《경이로운 부재》라는 책에서 이렇게 이야기 한 바 있습니다.

"예전에는 나도 명상을 하는 것이 맥주를 마시는 것보다 더 '고귀'하거나 더 '영적'이라고 믿었습니다. 하지만 모든 행위가 충격적일 만큼 평등하다는 것을 보게 되자, 그런 분별적인 관념들은 완전히 사라졌습니다. 그러자 명상이 저절로 떨어져 나갔고, 자기탐구는 쓸모가 없어졌습니다. 그래서 요즘에는 명상에 관심이 없고, 현존을 실천하는 일에도, 고요함이나 다른 무엇과 접촉하는 일에도 관심이 없습니다. 삶은 지금 이대로 언제나 충분합니다.

'어설픈 명상가'와 '떡볶이 고수' 중 하나를 선택하라면 저는 당연히 떡볶이 고수를 선택합니다. 떡볶이를 만드는 과정도 '지금 이 순간'에 전적으로 녹아드는 훌륭한 수행법일 수 있습니다. 떡볶이 고수는 그 어떤 함이나 의도 없이 요리하는 그 자체의 고요함에 들어갈 수 있기 때문입니다. 사람들에게 명상을 가르치는 것이 더 가치 있는 삶인 것은 아닙니다. 삶의 그 모든 순간과 움직임들을 명상으로 만들어낼 수 있다면, 그야말로 진정한 의미로서 명상가가 되는 것입니다. 삶이 지금 이대로 언제나 충분하다는 것을 알면서 떡볶이를 잘 요리해 사람들에게 맛있는 떡볶이를 대접할 수 있다면, 그것이야말로 진정한 의미로서의 선한 영향력이 아닐까요?

말법 시대와 최상승 시대

왜 자꾸 말법 시대라며 세상을 한탄하고 사람들에게 혀를 찰까요? 그건 그 말을 하는 당사자가 말법의 마음이라 그렇습니다.

그 언제 진리와 깨달음에 흥성과 쇠퇴가 있겠는가요. 진리에 들어서지 못하고 진리와 함께하지 못하는 당사자가 말법인 것이지요. 단지 말법뿐일까요. 그런 당사자가 중생이고, 중생이니 사바세계에 살고, 그런 사바세계에서 여러 사람들에게 부대끼니 당연히 고통에 허덕일 수밖에 없는 것입니다.

반대로 당사자가 깨달음의 자리로 문득 자리해버린다면, 눈앞에 펼쳐진 지금의 이 세계가 곧장 최상승 시대로 변해버립니다. 이 눈앞의 최상승 시대에는 유정 무정의 부처들이 온 세계에 가득하고, 모든 인연이 그 어떤 교섭 없이도 법을 여실하게 설하고 있습니다.

불심佛心으로 바라보면 온 세상이 불국토지만, 범부들의 마음에는 이 불국토가 고통으로 가득 찬 사바인 것입니다.

145

까마귀의 울음소리에,

하늘 위의 흰 구름에,

이끼 낀 부드러운 바위에,

화목보일러에서 나오는

매캐한 연기에는

그 어떤 잘나고 못남이 없습니다.

그 모든 것들이 인연에 따른

진실함으로써 동등하게 펼쳐지는 것입니다.

우리네 인생

의미만 두지 않으면, 사람도 세상도 모든 게 정말 좋습니다.

그런데 의미를 두니까, 자꾸 그러니까, 그래야 한다고 믿어버리니까, 자기 믿음을 고집하니까, 그래서 사람이 더러 밉기도 하고, 세상이 무작정 원망스럽기도 하고, 그러다 내가 한탄스럽기도 하고, 그러다 더러 맛있는 거 먹으면 세상이 살맛 나기도 하고, 이쁜 거 입으니까 기분이 좋고, 좋은 사람 만나면 즐겁기도 하고, 그렇게 하루하루 사는 게 생각처럼 나쁜 건 아닌 것 같기도 하고, 그렇게 오만 가지 생각과 느낌이 왔다갔다하면서 수십 년을 살게 되는 거고, 그러다 자기도 모르는 곳으로 쓰윽 사라지기도 하는 것입니다. 이것이 바로 우리네 인생입니다.

　　조주 스님이 말씀하셨습니다.

　　"만법은 본시 한가한데 사람 스스로가 시끄럽다."

의미만 두지 않으면, 사람도 세상도 이를 데 없이 한가하고 좋습니다.

그냥 사는 듯, 흘러가듯, 자연스럽게

중학교 다닐 적, 도덕 선생님으로부터 들었던 이야기입니다.

어느 마을에 불효자가 있었습니다. 이 불효자는 도대체 어떻게 하면 효자가 될 수 있을까 고민을 했다고 합니다. 그래서 수소문해보니, 옆 마을에 대단한 효자가 산다고 소문이 나 있었습니다. 그래서 이 불효자는 옆 마을 효자네 집에 찾아갔습니다. 그리고는 도대체 어떻게 하면 효자가 될 수 있는지를 담장 너머에서 몰래 살펴보았습니다.

마침 효자가 바깥에서 일을 마치고 집에 돌아왔습니다. 그러자 허리가 굽은 노모는 대야에 따뜻한 물을 담아 왔습니다. 그리고는 일을 마치고 돌아온 아들의 발을 씻겨주는 것이었습니다. 그런데 노모가 발을 씻겨줄 때 효자의 모습은 가관이었습니다. 고마워하는 내색은커녕, 너무 당연하다는 듯이 하품을 하고 노모를 심드렁하게 쳐다보고만 있는 것이었습니다. 마침내 노모가 발을 다 씻겨주고 난 뒤에는 어떤 말도 없이 방으로 쑥 들어가버렸습니다. 이와 같은 모습을 보고 불효자는 화가 치밀어올랐습니다.

'세상에 어떻게 저딴 아들이 무슨 효자라고 소문이 난 거야! 사람들이 뭔가에 속고 있어! 쳇 내가 괜히 헛걸음을 했구만! 세상에 나보다 불효자는 처음 보네 그려!'

149

그러나 결론은 변하지 않았습니다. 도덕 선생님은 그를 효자라 불렀습니다. 그러면서 우리 학생들에게 물었습니다. 노모가 발을 씻겨준 버르장머리 없는 아들이 왜 효자이고, 효자의 행동에 불같이 화를 낸 사람이 왜 불효자라 했는지를 물었습니다. 아무도 쉽게 대답하지 못했습니다. 그렇게 도덕 선생님의 질문은 오랜 시간 저에게 의문으로 남게 되었습니다.

제가 두 스님의 이야기를 한번 해보겠습니다. 한 선배스님은 사람들을 위해서 좋은 일을 해주고 칭찬받기 위해 노력합니다. 이에 반해 저의 도반스님은 사람들을 위해 특별하게 좋은 일을 하려는 것도 아니고, 그렇게 애를 쓰지도 않습니다. 그냥 생각나는 대로 사는 도반스님입니다. 그런데 이상한 일이었습니다. 사람들을 어떻게든 도와주려 노력하는 선배스님은 정작 사람들에게 인기가 없고, 이 노력조차도 하지 않는 도반스님은 사람들에게 인기가 많았습니다. 그래서 노력하는 선배스님이 항상 불만이었습니다. 자신이 이렇게 애를 쓰고 노력하는데 사람들이 자기를 알아주지 않고, 저렇게 아무런 노력도 하지 않고 대충대충 사는 듯한 도반스님의 인기에 불만이 많았던 것입니다. 노력하는 스님은 왜 인정을 받지 못하고, 외려 노력을 하지 않고 되는 대로 사는 도반스님이 사람들의 인정을 받고 인기를 끄는 것일까요?

그 언젠가 이와 같이 저는 보았습니다. 어느 스님이 대중스님들이 쓰는 수건을 빨랫줄에서 걷어 방으로 가져왔습니다. 그때 복도를 지나가던 제 도반스님이 이 광경을 보더니 쓰윽 방안으로 들어왔습니다. 스님이 수건을 개기 시작하자 도반스님도 같이 앉아서 아무 말 없이 수건을 갰습니다. 그리고 수건 모두를 갠 다음에는 다시 아무 일 없었다는 듯이 방을 나갔습니다.

도반스님은 그냥 그렇게 수건을 보았고, 그냥 그렇게 수건을 개었고, 그냥 그렇게 일을 마쳤으며, 또한 그냥 그렇게 방을 나갔습니다. 저는 제 도반스님을 잘 압니다. 도반스님이 빨래를 개는 걸 도와주었던 데에는 사실 아무런 의도랄 게 없었습니다. 도와준다는 생각으로 도와준 게 아니었던 것입니다. 도반스님의 의도는 단순하고 분명했습니다. 지나가다 빨래가 보이니 자리에 앉아서 같이 갠 것뿐입니다. 스님들 사이에 '도와줄까요?'나 '고마워요' 같은 말 한마디도 오가지 않았습니다. 그 모든 것이 침묵 속에서 자연스럽게 벌어졌고, 또한 자연스럽게 끝났습니다. 저의 도반스님은 이러합니다. 이러하기 때문에 제가 존경하는 도반스님인 것이고, 또한 사람들이 좋아할 수밖에 없습니다.

누군가가 나를 위해 의도를 내어 억지로 애를 써준다면 그것은 고마운 일입니다. 하지만 이런 방식의 고마운 일은 흔적을 남기게 됩니다. 의도와 기대, 노력과 같은 것들은 흔적을 남기기에 이는 도움을 받는 사람 입장에서는 부담스럽습니다. 진정으로 남을 도와주는 것은 남을 위한다는 생각조차 없을 때입니다. 나를 위해서가 아니라 아무런 의도와 기대 없이 도와주는 것이라면, 그 어떤 흔적조차도 남기지 않는 말끔한 일이 되기 때문입니다.

우리는 말하지 않아도 압니다. 말하지 않아도 보여주지 않아도, 마음은 이미 이렇게 진정으로 고마운 일을 안다는 것입니다. 고마운 일은 고마운 일이 아닐 적에야 진정 고마운 일입니다. 흔적을 남기지 않는 행위야말로 선행입니다. 왜냐하면 진정한 의미의 선행에는 선善이라는 해석이나 의미가 들어설 수조차 없기 때문입니다. 너무 자연스러워서, 그리고 어떤 부담이나 해석도 느껴지지 않기에 선행입니다. 그렇기에 진정한 의미의 선행에는 선조차도 없다고 말할 수 있습니다.

말하지 않아도 우리는 자연스럽게 마음으로 끌리게 되어 있습니다. 선행을 한다는 생각이 한 치도 없이, 그냥 사는 듯, 흘러가듯, 자연스럽게 사는 제 도반스님의 모습을 보며 사람들은 마음과 마음으로서 감화를 받게 되는 것입니다. 사람을 끄는 것이 바로 이 감화입니다. 무언가 고귀한 의도나 선의가 있어서 사람들을 끄는 게 아닙니다.

전 예전에는 이렇게 생각했습니다. 그 효자가 노모를 잘 보살펴드리기는 했지만, 노모가 하고 싶은 일을 하게끔 하도록 그 뜻을 존중하고 받아들였기에 효자인 줄 알았습니다. 상식이라는 기준 측면에서 이렇게 생각할 수밖에 없습니다. 하지만 알고 보니 그런 게 아니었습니다. 그는 효를 행한 적이 없습니다. 그래서 그는 효자가 되었습니다. 효를 행하면 효자가 아닙니다. 행할 수 있는 효라는 게 있다면, 그건 사실상 효가 아니기도 합니다. 마음에 효라는 관념마저도 털어낼 수 있다면 그제서야 효가 될 자격이 갖추어집니다.

노모가 따순물을 대야에 가져와 발을 씻겨주고 아들은 아무 거리낌 없이 노모에게 발을 맡깁니다. 노모가 정성스레 아들의 발을 씻고, 나중에 아들은 아무렇지 않게 방에 들어갑니다. 다만 이 상황이 펼쳐지는 것뿐입니다. 이 아름답고 정밀한 모습에 효라는 것도 어찌 보면 군더더기입니다. 아무 것도 갖다 붙이지 않으면 됩니다. 그렇다면 이렇게 말끔하고 담백하고 자연스런 상황만 흘러갈 뿐입니다. 이것이 바로 마음입니다.

그 모든 분별을 멈추면, 맑고 담백하고 깨끗하게 그 모든 상황들이 드러나게 됩니다. 분별을 멈춘다고 해서 분별이 사라지는 것이 아닙니다. 내 마음을 괴롭히던 그 허망한 분별심이 사라지면, 모든 진실한 분별이 아름다운 모습으로 환하게 드러나는 것입니다. 이를테면 이렇게 말입니다.

노모가 대야에 따순물을 가져옵니다. 그리고 아들의 발을 씻겨줍니다. 아들은 발을 씻고 방에 들어갑니다. 그리고 노모는 발 씻은 물을 마당에 버립니다.

도반스님이 복도를 지나갑니다. 그러다 마른 빨랫거리를 보았습니다. 스님은 방에 들어와 다른 스님과 빨래를 개었습니다. 빨래를 모두 개자 스님은 아무 말 없이 방을 나갔습니다.

명백하십니까?

해인사 퇴설당에서 행자로 지낼 때입니다. 시자스님이 강원으로 강의 들으러 가셨을 때, 노장님께선 홀로 앞마당을 포행하시는 경우가 많았습니다. 그러면 저는 슬쩍 노장님 뒤를 따라붙으며, 그간 공부하며 궁금하던 것들을 노장님께 질문했습니다. 시자스님한테 '왜 행자가 일은 않고 큰스님을 귀찮게 하느냐'라며 꾸지람을 받을 수 있어서, 저는 노장님이 혼자 포행하시는 시간만 노렸던 것입니다. 선지식에게 직접 법을 물을 수 있는 그 시간이 저에게는 소중한 기회였습니다. 그리고 그 질문 중 하나가 이랬습니다.

"스님, 사구백비四句百非를 떠난 진리가 있다는데 그게 뭡니까?"

노장님은 포행을 멈추시곤 뒤로 돌아 저를 아무 말 없이 물끄러미 쳐다보셨습니다. 그리고 마침내 한 말씀 하셨습니다.

"그래, 너는 어떻게 생각하냐?"

이상했습니다. 질문을 한 것은 저였습니다. 당시 저는 사구백비가 뭔지도 모르고, 또한 사구백비를 떠난 진리가 뭔지도 몰라서 물은 것이었습니다. 노장님의 돌연한 역질문에 저는 당연히 꿀 먹은 벙어리가 되었습니다. 그냥 잠자코 있으려니 노장님은 아무런 말씀 없이 다시 포행을 이어가셨습니다.

'아니 왜 다시 나한테 질문을 하시는 거지?'

네, 그때는 전혀 이해하지 못했습니다. 노장님은 질문을 하신 게 아니었다는 것을 말입니다. 노장님은 명백함으로 그렇게 대답하셨다는 것을 꿈에도 알지 못했습니다.

로스앤젤레스의 달마선원에서 한 제자가 숭산 스님과 나눈 대화는 다음과 같습니다.

"선禪이 무엇입니까?"

"너는 누구냐?"

제자는 침묵합니다.

"알겠느냐?"

"모르겠습니다."

"이 '모른다'는 마음이 바로 너야. 그 자신을 깨닫는 것이 선이고….'"

숭산 스님도 같았습니다. 선이 무엇이냐는 질문에 '너는 누구냐?'라고 되묻습니다. 하지만 숭산 스님의 물음은 물음이 아닙니다. 곧장 볼 수만 있다면, 이는 명백한 대답입니다.

《무문관》제7칙 '조주세발趙州洗鉢'에서 한 스님이 조주 스님에게 말했습니다.

"제가 처음 총림에 온 지 얼마 되지 않았습니다. 스님께서 잘 지도해 주십시오."

이에 조주 스님이 말했습니다.

"아침에 죽을 먹었느냐?"

"예, 죽을 먹었습니다."

그러자 조주 스님이 말했습니다.

"그러면 발우를 씻어라."

그러자 스님이 깨쳤습니다.

많은 이들이 이 조주세발 공안을 두고 엉뚱한 해석을 하는 경우가 많습니다. 그 대개가 바로 평상의 일이 곧장 진리라는 해석인데, 조주 스님은 죽을 먹는 것이나 발우를 씻는 이 아무렇지 않은 일들이 진리임을 이러한 문답으로 알려주셨다는 것입니다. 어긋났습니다. 어긋나도 한참을 어긋났습니다.

조주 스님은 평상과 일상 그대로가 진리임을 말하기 위해 죽을 이야기하고 발우를 꺼내든 게 아닙니다. 그렇다면 그것은 죽에 끌려들어간 것이고, 발우에 속은 것입니다. 죽과 발우는 아무런 관련이 없습니다. 조주 스님은 그 어떤 의도 없이 상황에 맞게끔 여실하게 말을 했을 뿐입니다. 그렇다면 그 스님은 왜 깨달았던 것일까요. 네, 스님은 여실하게 들을 수 있었기 때문에 깨우쳤던 것입니다.

이렇게 질문도 다르고 대답도 달랐습니다.

'사구백비를 떠난 진리가 무엇입니까, 너는 어떻게 생각하느냐.'

'선이 무엇입니까, 너는 누구냐.'

'잘 지도해 주십시오, 죽은 먹었느냐.'

사람도, 상황도, 시대도, 질문도, 대답도 모두 다르지만, 그러나 동일한 것이 있습니다. 명백함. 명백함. 명백함. 명백함. 명백함. 명백함…. 오로지 명백합니다.

'도대체 무엇이 명백하다는 겁니까'라는 질문이 나올 수도 있습니다. 그러나 그 내용물을 질문하면 이미 어긋났습니다. 도대체 그 무엇이 명백하냐는 이 질문도 명백함밖에 없습니다. 명백함 속에서 다른 명백함을 찾으려는 것은 마치 소를 타고 소를 찾는 것과 다르지 않습니다.

이것이 바로 명백함이라는 일미一味입니다. 이통현 장자는 이 일미를 '평등한 법'이라고도 하였습니다. 낱낱이 모두가 진실하고 완전하여 득실·시비가 없는 곳에서 뚜렷이 드러났건만, 다만 우리가 눈이 어두워 보지 못하는 것뿐이라고 평하였던 것입니다. 이 명백함으로 무문 스님이 평評했습니다.

"조주는 입을 벌려 쓸개를 보이고 심장도 보이고 간장도 훤히 드러냈다."

조주 스님은 이미 다 드러내셨던 것입니다. 명백함으로 이 모두를 드러내셨습니다. 또한 이 명백함으로 무문이 송頌했습니다.

"너무 분명하기 때문에 오히려 바로 알아보지 못하네. 등이 곧 불이라는 것을 알아차린다면 밥은 이미 다 된 지 한참인 것을…."

이미 이렇게 모두가 명백한데, 오히려 명백한 이유로 명백함을 보지 못하고 명백함의 또 다른 대상을 찾아나서는 것입니다. 무언가 대상을 잡아 쥐어야만 근거를 잡을 수 있고, 안정을 취할 수 있다는 중생의 오래된 미망과 무명입니다. 그렇기에 부처를 구하려 하고, 수행이라는 것을 해야만 하고, 깨달음을 얻는 것으로 여깁니다.

그러나 이미 모두가 완성되어 있음이, 그 완성됨을 확인함이, 그 완성으로서 살아감이 진정한 의미의 성불입니다. 명심하십시오. 성불은 '내'가 하는 게 아닙니다. '나' 또한 애초부터 완성되어있음으로 명백하게 드러날 뿐입니다. 구하고 행하고 얻으려는 그 조작질만 멈춘다면, 애초부터 그 모든 것이 여실하게 완성되어 있음이 명백함으로 드러나게 되는 것입니다. 그래서 명백함의 일미입니다.

명백함이란 그 어떤 상태나 느낌만을 뜻하는 게 아닙니다. 우리 존재 자체 그대로가 명백함입니다. 명백함이 그 전체이며 전체가 그 명백함입니다. 그래서 저는 수행을 하는 도반들이나 공부인들에게 때때로 이렇게 질문합니다. 이 하나의 질문으로 그 모든 질문을 대신합니다.

"명백하십니까?"

돌에 맞으면 아프고,
상한 음식을 먹으면 탈이 난다

석가모니 부처님은 대장장이 춘다가 올린 상한 버섯 음식을 공양받으시고는 앓다가 돌아가셨습니다. 부처님 제자 중에 신통제일이라는 목건련은 외도들이 던진 돌을 맞아서 돌아가셨습니다. 덕산 스님의 제자이고 설봉 스님의 사형이기도 한 암두 스님은 한밤중에 도적의 칼에 찔려 외마디 비명을 지르고는 돌아가셨습니다. 이 세 죽음에 관해서 이야기를 해보겠습니다.

석가모니 부처님께서 왜 상한 음식을 드시고 돌아가셨을까요? 많은 분들이 이렇게 해석합니다. '부처님은 그 음식이 상한 줄 이미 알고 계셨다. 하지만 공양을 거절하는 것은 수행자의 본분에 어긋나는 일이었다. 그리고 당신이 이미 생을 마칠 때임을 아셨기에 상한 음식임에도 일부러 드신 것이다'. 이로써 우리는 성인의 돌아가시게 된 황망한 이유를 무량한 자비의 마음으로 찬탄할 수 있게 됩니다.

수미산을 강낭콩처럼 으깨버릴 수도 있고, 제석천에게 무상함을 일깨워주고자 신통력으로 하늘 궁전을 흔들어대기도 했던 목건련이 고작 돌덩이에 맞아서 죽은 것은 신통제일이라는 그의 명호에 걸맞지 않은 듯 보입니다. 그러나 목건련의 이와 같은 죽음에는 분명한 이유가 있습니다. 그것은 그의 전생 때문이었습니다. 목건련은 전생에 아내의 이간질을 덜

컥 밀어버리고는 눈이 먼 부모를 수레에 태워 숲속으로 데려가 절벽에 떨어뜨려 죽였다고 합니다. 이러한 과보로 인해 그는 지옥에서 고통을 받아야만 했습니다. 그가 비록 신통제일의 석가모니 부처님 제자라 할지라도 인과의 과보는 피할 수 없었습니다. 이러한 전생 이야기를 통해 우리는 목건련이 돌에 맞아 죽을 수밖에 없었던 이유를 고개를 끄덕이며 수긍하게 됩니다.

　태어날 때부터 깨달은 사람을 생이지지生而知之라고 합니다. 암두 스님은 이 생이지지 중 한 사람이었습니다. 그런 암두 스님은 사제인 설봉 스님을 깨우치게 한 뒤에 스스로 초야로 사라져 그 어딘가 시골에서 뱃사공으로 살아갔다고 합니다. 그러다 암두 스님은 한밤중에 도적의 칼에 찔려 외마디 비명을 지르고 죽었습니다. 기록에는 그 비명 소리가 십 리 밖을 퍼져나갔을 정도로 컸다는 말도 있습니다. 그는 "죽기 전에 내가 한번 큰 소리를 낼 것이다"라고 예언했다는데, 생이지지인 그가 도적의 칼에 찔려죽게 될지 그 누가 상상이나 했겠습니까. 그렇기에 사람들은 암두 스님의 죽음에 대해 생각을 하고 해석을 붙입니다. '그렇게 덕산 스님에게 예의 없게 굴더니 말년이 비참하다, 전생에 무슨 죄를 저질렀기에 그렇게 도적의 칼에 찔려서 죽는 수모를 겪는가' 이렇게 해석해야지만 비로소 우리는 암두 스님이 도적의 칼에 찔려서 죽은 이유를 납득할 수 있기 때문입니다.

　그렇게 사람은 이해가 가지 않는 죽음에 대해, 이해하기 위해 갖은 해석을 가져다 붙여야만 합니다. 이해만이 그 죽음을 납득할 수 있는 방법이 되기 때문입니다. 부처님은 상한 음식인 줄 미리 아셨지만 자비심으로 이를 받아들이셨다거나, 목건련이 전생의 과보가 있어서 이를 받을 수밖에 없었다거나, 암두 스님이 사람들에게 매정하게 굴었기에 말년이 비참했다는 식으로 해석을 해야지만, 성현들의 죽음을 나름의 의미로 분별하고 받아들일 수 있습니다. 그런데 잘 생각해보십시오. 그건 깨달음을 얻은 성현들의 죽음 그 자체가 아닙니다. '내 틀'에 맞춰서, '내 해석'을 거치고, '내가 받아들인' 성현들의 죽음입니다. 곧 '나의 생각'을 거친 성현들의 죽음이라는 것입니다.

전생, 과보, 인과, 신통력… 참 그럴 듯한 틀들입니다. 이러한 틀들은 세상의 기이하고 수많은 일들을 이해하지 못하는 영역에서, 이해될 수 있는 영역으로 옮기는 과정에 있어서 참 쓸모가 있는 개념들입니다. 그리고 사람들은 이를 진리처럼 받아들입니다.

그러나 이 세 죽음에 있어 분명한 인과는 무엇일까요. 상한 음식을 먹으면 탈이 납니다. 돌에 맞으면 아픕니다. 칼에 찔리면 피를 흘리며 죽습니다. 이것이 단순하고도 분명한 인과입니다. 그러나 사람들은 성현들의 죽음을 헛된 죽음으로 만들지 않기 위해 전생이나 과보, 신통과 같은 개념과 해석을 가져다 붙입니다. 이로써 본래 말끔한 인과로 분명하게 돌아가셨던 성현들의 일이 아니라, 지금 이 성현들의 죽음을 의미 있게 받아들여야 하는 '나의 일'로 바꾸어버립니다. 성현들께서는 이미 진정한 모습으로서의 인과를 보여주었습니다. 부처님이 식중독으로 돌아가셨고, 목건련은 돌에 맞아 죽었으며, 암두 스님은 도적의 칼에 찔려 죽었습니다. 이토록 말끔한 인과에 전생과 과보와 신통력과 같은 의미를 부여함으로써 오히려 죽음은 본래의 진실함을 잃어버리고야 맙니다.

생각과 해석을 통한 의미 부여를 멈추어야 합니다. 그럴 수만 있다면 세 성현들 모두가 당신만의 죽음으로써 분명하고도 말끔한 인과를 보여주었습니다. 그러나 중생은 이야기를 필요로 하고 또한 이야기에 의지해서 살아가야만 합니다. 그 이야기가 바로 무명無明의 내용물입니다. 그러나 눈앞으로 분명하면 더이상 이야기에 부림을 받지 않고 이야기가 필요하지도 않습니다. 이야기를 통해서 사람과 세상과 그 모든 일들을 이해해야만 하는 중심으로서의 '내'가 무너질 수만 있다면, 세상의 그 모든 일들은 눈앞으로 이미 분명하고 말끔해지기 때문입니다. 더 이상의 군더더기 설명이 필요치 않습니다. 부처님은 상한 음식을 드시고 돌아가셨고, 목건련은 돌에 맞아 죽었으며, 암두 스님은 도적의 칼에 찔려 죽었습니다.

여기에서 당신의 의미부여는 멈춰질 수 있는가요?

집으로 가는 길은 어디서라도 멀지 않다

진여眞如는 스스로 살기 위한 활로를 사람에게, 세상에, 모든 일에 남겨 두었습니다. 자, 그만 방황하고 어서 집으로 돌아가자고요. 부처님은 세상에 나타나시어 이 활로를 열어주신 분입니다. 진여는 이렇게 집 나가 떠돌며 고생하는 우리를 돌려보내기 위해 부처님을 세상에 보내주신 것입니다. 또한 수많은 조사스님들을 보내주시어 다양한 형태의 활로를 열어주기도 했습니다.

그러나 이 활로는 특이합니다. 이 활로는 사람에게, 세상에, 모든 일에 남겨져 있습니다. 이 활로는 모든 형태로 있되 눈에 보이지 않습니다. 숨기지 않았으되 찾아야만 합니다. 얻을 수 없되, 잃은 적 또한 없습니다. 들어갈 수 없되, 나올 수도 없습니다. 이 활로는 이렇게 독특합니다. 우리가 내려놓은 만큼, 열린 만큼 만날 수 있는 까닭입니다. 이 활로는 도대체 무엇일까요.

네, 바로 눈앞입니다.

그래서입니다. 집으로 가는 길은 어디서라도 멀지 않습니다.

허공의 공덕

선사들께서는 우리의 본마음을 허공에 비유하기도 하셨습니다. 마음을 왜 허공에 비유할까요? 허공이 비어 있기 때문입니다. 비어 있어서 맑고 깨끗하고 환하게 트여 있기 때문에, 마음을 그렇게 허공에 자주 빗대어 말씀해주신 것입니다. 그러나 단지 비어 있음만으로 허공의 공덕을 헤아릴 수는 없습니다. 이 비어 있는 허공이 실상 수많은 일을 동시에 품고 아무런 걸림 없이 펼쳐내기 때문입니다.

> 허공은 공기를 채워서 모든 생명들의 숨을 쉬게 하고
> 불을 때워서 밥을 지을 수 있게 하고
> 도시의 건물들이 들어설 자리를 마련해주고
> 비행기가 지나갈 수 있게 항로를 자유롭게 펼쳐주고
> 까마귀 울음소리가 하늘에 잘 퍼지도록 해주며
> 목탁 소리에 맞춰서 사람들이 염불하게 해주고
> 빛을 자유롭게 투과해 방 안을 밝혀주고
> 낮과 밤을 만들어주기도 하고
> 법당의 향 연기가 옷깃에 스며들도록 해주며
> 구름이 지나갈 수 있는 자리도 마련해주며
> 이제 막 새순이 돋아나는 나무를 보게끔 해줍니다.

허공의 공덕은 말로 하자면 끝이 없습니다.

허공을 마냥 비었다는 것으로만 생각하면 안 됩니다. 비어 있기에 그 모든 것을 가능케 해준다는 것 또한 알아야지 허공을 제대로 보는 것이고, 또한 제대로 받아들이는 것입니다.

이토록 비어 있음은 수많은 일을 해냄에도 허공은 결코 그 스스로를 드러내거나 드높이지도 않습니다. 모든 생명들이 숨을 쉬게 해줌에도 대가를 요구하지 않고, 구름이 지나감에 자취도 만들지 않으며, 까마귀 울음소리를 퍼뜨림에 뜻도 없고, 꽃봉우리를 보여줌에 허세를 떠는 것도 아닙니다.

허공에는 성스러움이라는 게 없습니다. 대가도 없고, 자취도 없으며, 뜻도 없으며, 만족함도 없습니다. 성스러움, 고마움, 자취, 뜻, 만족함 모두 허공이 만드는 게 아닙니다. 그 허공 안에서 벌어지는 수많은 일들을 접하는 우리가 만드는 것입니다. 사실 나라는 존재 자체도 이 허공에서 인연 따라 생겨난 모습이자 결과가 아니던가요. 네, 우리 모두는 허공의 공덕으로 태어난 허공의 자식들입니다.

마음이라는 게 바로 이 허공과 같은 겁니다. 마음은 그 스스로 성스러움, 고마움, 자취, 뜻, 만족함을 만들어내지 않습니다. 그런 것들을 요구하지도 않습니다. 하지만 마음을 잘 모르고, 마음을 잘 쓰지 못하는 우리 중생들이 온갖 다채로운 의미를 부여하고, 이를 찬탄하며, 혹은 아쉬움을 느끼기도 하고, 다시 고마움도 느끼다가, 그렇게 온갖 생각과 감정으로 왔다갔다 합니다. 마음에는 뜻이 없습니다. 그 어떠한 뜻도 가지고 있지 않지만, 그 모든 뜻을 품어주기에 허공은 무한한 공덕을 지니는 것입니다.

양무제가 물었다.

"무엇이 성스러운 진리의 제일 첫 번째 뜻입니까?"

달마가 대답했다.

"텅 비어서 성스럽다 할 것조차 없습니다."

공부인의 자세

노장님의 시자로 살 때입니다. 노장님과 인연이 되시는 스님께서 신도님들과 인사를 오셨습니다. 노장님께서 인사를 받고 나시니 스님이 대표로 말합니다.

"큰스님, 우리 신도님들께 좋은 말씀 한마디 좀 해주십시오."

그러면 노장님은 손에 쥐고 계시는 염주를 돌리며 사람들을 지긋이 쳐다보십니다. 아무 말 없이 한동안 그렇게 사람들을 쳐다보십니다. 그런 뒤 오른팔을 슬쩍 드십니다. 옆에 앉아 있던 시자에게 당신께서 일어나실 수 있도록 부축해 달라는 뜻입니다. 그러고 난 뒤에 저는 노장님을 당신 처소에까지 모셔다 드립니다.

그러면 신도님들을 여럿 모시고 오신 스님이 시자인 저에게 아쉬움을 하소연하는 경우가 있기도 합니다. 노장님이 원래 말씀이 없으신 걸 잘 아시지만, 그래도 신도분들에게 한마디라도 해주셨으면 좋았을 걸, 하는 아쉬움입니다. 그러나 사실 알고 보면 노장님은 이미 좋은 말씀을 해주셨습니다. 좋은 말씀 해달라는 그 요청에 그렇게 염주를 가만히 돌리셨고, 그렇게 사람들을 지긋이 쳐다보셨습니다. 이것이 좋은 말씀입니다. 노장님은 그렇게 말 없음으로 말을 하신 것입니다.

《유마경》의 〈불이법문품〉에는 서른한 명의 보살들이 제각기 불이법문에 대한 견해를 말합니다. 그런 연후에 보살들이 문수보살에게 질문을 던집니다.

"무엇이 보살의 둘이 아닌 법문에 들어가는 것입니까?"

이에 문수보살이 말합니다.

"제 뜻으로는 일체법은 말할 것도 없고, 이를 것도 없고, 보일 것도 없고, 알릴 것도 없어서, 모든 문답을 떠나는 것이 바로 둘이 아닌 법문에 들어가는 것이 됩니다."

이후에 문수보살이 유마 거사에게 묻습니다.

"무엇이 보살이 불이법문에 들어가는 것입니까?"

유마 거사가 이때 잠자코 말하지 않았습니다.

선가禪家에서 말하지 않음을 양구良久라고 표현합니다. 유마 거사나 노장님은 한 말씀도 안 한 게 아닙니다. 한마디도 안 하면서 동시에 모든 것을 이미 말하셨습니다. 그래서 양구를 두고 '우레와 같은 침묵一默如雷'이라고 말하기도 합니다. 그러나 말 있음과 말 없음의 분별에 빠져있다면, 그리고 드러난 소리로서의 말에만 얽매일 때에는 이 거대한 침묵을 보고 듣지 못합니다. 그저 말 없음으로만 받아들일 뿐입니다. 유무의 분별에 빠져 살고 문답에 사로잡히기에 그렇습니다. 또한 그것은 스스로 말 없음으로 이미 모든 것을 말하는 거대한 침묵에 들어가 보지 못해서 그렇습니다.

한번 본인 스스로 말없이 가만히 있어 보면 됩니다. 그렇게 말없이 가만히 있으면 어떨까요. 아무 말도 없고 아무런 일도 없는 것일 뿐일까요. 과연 그러할까요.

다 드러났습니다.

노장님과 유마 거사는 양구를 통해 이미 모든 걸 다 드러내 보인 겁니다. 그래서 문수보살은 유마 거사의 양구를 두고, "글자도 언어도 없음이니, 이것이야말로 참으로 둘 아닌 법문에 들어간 것"이라고 찬탄했던 것입니다.

물론 노장님이 좋은 말씀을 해주실 수도 있었습니다. 하지만 꽤 오랜 시간의 정적이 깊게 흘렀습니다. '큰스님을 친견할 수 있는 귀한 자리에서 좋은 말씀 해달라고 요청했는데, 왜 저렇게 말없이 가만히 계셨던 걸까, 저 말없이 계신 뜻이 뭘까, 이 침묵과 정적이란 게 뭘까' 하고 궁금해하는 사람이 있었을지도 모릅니다. '큰스님이 저렇게 침묵하시는 데에는 분명 이유가 있을 것이다'라고 여기며, 이 침묵을 평생의 화두로 삼았을 사람이 있을 수도 있다는 것입니다. 이 사람이 중요합니다. 이 사람이 바로 공부인이기 때문입니다. 비록 거대한 침묵과 곧장 계합하지 못했을지언정, 이 사람이야말로 공부할 마음 준비가 된 사람이고, 앞으로 깨달음이라는 결실을 이룰 씨앗을 마련한 사람이기 때문입니다.

침묵은 단지 말 없음이 아닙니다.

그 모든 말들이 펼쳐지는 공적함이라는 근원인 것입니다.

우리 모두에겐 처음부터
다시 시작할 기회가 있습니다.
이제껏 심혈을 기울여 해온
여러 일들일지라도,
언제든지 미련 없이 떠나보낼 수 있고
또다시 일을 도모할 수 있는
이 리셋 버튼이 언제나 우리의 가슴에
분명하게 자리해 있습니다.

이 리셋 버튼을 찾으세요.

그리고 자주 누르세요.

그러면 언제나 눈앞의 새로운 삶을

만나게 될 것입니다.

눈앞을 눈앞에 숨기다

《장자莊子》 내편內篇 〈대종사大宗師〉 편에는 '장천하어천하藏天下於天下', 즉 '천하에 천하를 숨기다'라는 글이 있습니다. 다음과 같은 내용입니다.

> 夫藏舟於壑, 藏山於澤, 謂之固矣. 然而夜半有
> 力者負之而走, 昧者不知也. 藏小大有宜, 猶有
> 所遯. 若夫藏天下於天下而不得所遯, 是恒物之
> 大情也.

> 배를 골짜기에 감추고, 산을 연못에 감추고서는 그
> 것으로 든든하다고 한다. 하지만 한밤중에 힘센 사
> 람이 갖고 달아나도 어리석은 사람이 알 리가 없다.
> 큰 것과 작은 것을 감추는 데는 마땅한 곳이 있으
> 나, 여전히 어디론가 갖고 달아날 데가 있기 마련이
> 다. 하지만 천하를 천하에 감추면 달리 달아날 데가
> 없다. 이것은 항상 만물에 통하는 위대한 진리다.

모양과 크기가 있는 것이라면 그것이 배든 산이든, 이보다 더 큰 것에 숨길 수가 있습니다. 하지만 언제라도 잃어버릴 가능성은 있습니다. 그런

데 그 누군가가 모양과 크기마저도 넘어선 천하를 얻게 되었습니다. 이때 천하는 세상 전체이자 크나큰 진리라 할 수 있습니다. 하지만 이 천하가 너무나도 커서 그만 숨길 만한 곳을 찾을 수가 없습니다. 세상 전체이자 진리 그 자체는 모양이나 크기가 없기에 모양과 크기로 한정 지을 수 없기 때문입니다. 그래서 그는 묘안을 떠올리게 됩니다. 그것은 바로 천하를 천하에 감추는 것이었습니다. 세상에 그 누구도 이 천하라는 진리를 천하 자체에 감춰뒀으리라고는 생각지 못할 것이었습니다. 그리고 천하를 천하에 숨겼으니, 이 천하가 달아난다거나 천하를 잃을 걱정을 할 필요도 없습니다. '천하를 천하에 감춘다.' 그는 아무리 생각해보아도 탁월한 묘안이어서 스스로 감탄하고야 말았습니다.

눈앞도 그러합니다. 눈앞이라는 진리는 모양과 크기가 없어서 그 어딘가에 감추려야 감출 수가 없습니다. 하지만 방법이 있습니다. 눈앞을 눈앞에 감춘다면, 그 누구도 이 눈앞을 훔쳐갈 수가 없을 뿐더러, 이 눈앞을 잃을 염려도 없게 됩니다.

　눈앞이 이렇습니다. 눈앞은 눈앞으로 숨겨져 있습니다.

　그런데 눈앞이 정말로 숨겨져 있는가요? 이미 이렇게 환하게 열려 있는 전체가 바로 눈앞 아니던가요? 그런데도 우리는 눈앞을 눈앞에 두고도, 그렇게 눈앞으로 놓치고 있지 않은가요?

　눈앞은 이미 오래전부터 눈앞으로 있어 왔습니다. 결코 감출 수도 없는 진리와 잃을 수도 없는 천하가 그렇게 시작도 끝도 없는 확연한 눈앞으로 와 있다는 것입니다.

나를 깨우쳐줄 선지식은 어디에 있는가?

많은 이들이 답을 찾으려 합니다. 그래서 비밀한 뜻을 담고 있다는 성스러운 기록들을 살펴보고, 답을 말해 줄 수 있다는 현자를 찾아 나서기도 합니다. 저 역시도 그러했고, 이 길을 나선 모든 이들이라면 앞으로도 그러할 것입니다. 그러나 지금에 생각해보면 답을 구하는 게 중요한 것이 아니었습니다. 진정으로 중요한 것은 다른 데 있었습니다.

중요한 건 말의 진위, 선지식의 유무, 그 선지식의 역량이 중요한 여부가 되기 이전에 '내가 진리를 받아들일 만한 그릇이 되는가'입니다.

조주 스님의 "아침에 죽을 먹었느냐?"라는 질문에 이어 "그러면 발우를 씻어라"라는 말을 듣자마자, 한 스님이 깨쳤습니다. 잘못 아는 이들은 천하의 선지식인 조주 스님이기에 그 스님을 깨치게 했다고 생각하기도 합니다. 그러면서 요즘엔 이렇게 단번에 깨우침에 이르게 해주는 선지식이 없다고 한탄합니다.

어리석은 생각입니다. 그 스님은 비워져 있는 준비가 갖춰져 있었기에 조주 스님의 한 마디에 인연 따라 계합한 것이지, 조주 스님이 그 스님을 위해 특출난 방편을 마련한 것이 아닙니다. 애를 써서 준비하고 담연하게 마음을 비운다면, 그렇게 당신이 진정으로 선지식을 받아들일 준비가 되어 있다면, 당신은 분명 깨우치게 됩니다. 그런데 그렇게 깨우침으로 들어갈 때에는 단지 사람만이 아니라, 세상의 그 모든 것들이 진리로서, 법을 펼치는 선지식으로 홀연하게 드러나게 될 것입니다. 의상 조사 〈법성게(法性偈)〉의 한 구절입니다.

雨寶益生滿虛空 우보익생만허공

衆生受器得利益 중생수기득이익

생명을 살리는 보배로운 비는 허공에 가득하지만

중생은 그 그릇 따라 나름대로의 이득을 얻는다.

선지식들이 펼치는 진리의 가르침을 법우(法雨)라 부릅니다. 하지만 진정으로 깨우치고 보면 사람만이 선지식인 것은 아닙니다. 허공에 있는 그 모든 것들이 이미 법을 여실하게 펼쳐 보이고 있습니다. 그러한 법의 가르침은 언제고 어느 때고 차별 없이 눈앞에 항상 펼쳐져 있습니다. 까마귀는 까악까악 울고, 목탁은 또록또록 소리나는 것처럼 말입니다.

　　선지식이란 우리로 하여금 이러한 비움의 준비를 하게끔 자극과 동인을 주는 분입니다. 선지식이 우리의 먹살을 잡고 깨우침에 억지로 끌고 들어갈 수 있는 것은 아니란 것입니다. 모든 것이 나의 준비입니다. 내가 비워진 만큼, 사람과 세상은, 그 모든 존재는 선지식으로 드러나게 되어 있는 것입니다. 그렇기에 나에게 물어야 할 질문은 다음과 같습니다.

과연 나는 진리를 받아들일 비움의 준비가 되어 있는가?

부처가 부처를 보내, 부처로 하여금
부처를 깨닫게 하기 위함이다

하안거 중 인연 있는 법사님과 여러 신도님들이 수도암에 찾아오셨습니다. 인사를 나누고 저는 나한전에서 이런 말씀을 드리게 되었습니다.

"우리는 왜 살아 있을까요? 왜 숨을 쉬는 걸까요? 왜 저 나한전 앞마당에 꽃이 필까요? 왜 구름은 흘러갈까요? 왜 까마귀는 울까요? 왜 여러분은 수도암에 오셨는가요? 그렇다면 이런 질문을 해보신 적이 있으신가요? 왜 부처님이 계시는 걸까요? 도대체 무얼 위해서 부처님이 이 세상에 나오신 걸까요?"

아무런 대답이 없기에 저는 스스로 이렇게 답했습니다.

"이는 부처가 부처를 보내, 부처로 하여금 부처를 깨닫게 하기 위함입니다."

부처는 단지 부처를 보내지는 않습니다. 2,600년 전의 고타마 싯다르타라는 부처만 보낸 게 아닌 것입니다. 부처는 당신도 보냈습니다. 부처 하나만 보내지 않습니다. 부처는 모두를 보냅니다. 부처는 당신 하나를 깨닫게 하기 위해 그 모두를 보내는 것입니다. 마당에 꽃이 피어나는 것이나, 구름이 흘러가는 것이나, 까마귀가 우는 것이나, 해발 천 미터에 있는 높다란 암자 수도암이나, 이 모두가 당신의 본래 집으로, 눈앞의 이 자리로 돌아오라는 울림이며 손짓인 것입니다.

부처는 이렇게 신비한 능력을 가지고 있습니다. 우리가 부처라고도 부르는 이 마음은 스스로를 구원하기 위한 여러 방편을 이렇게 자유자재로 만들어내고 우리에게 끊임없이 자극을 줍니다. 마음이 부처도 만들고, 마음이 당신도 만듭니다. 본래의 깨달음인 진여는 잠시 어둠 속을 헤매고 있는 당신을 본래의 자리로 인도하는 능력과 작용이 있는 것입니다. 비록 우리가 안목이 어두워 이를 인지하지 못한다고 할지언정, 깨달음은 언제나 이렇게 우리에게 손짓하고 있습니다. 자, 어서 집에 가자고, 당신이 있을 곳은 거기가 아니라고, 바로 이곳이라고, 이제 그만 헤매고 빨리 집에 돌아가 편히 쉬자고 말입니다.

푸르기만 한 봄 하늘, 열기로 달아오른 아스팔트, 한여름 나뭇잎의 일렁임, 목련꽃의 그윽한 향기, 하늘을 울리는 까마귀의 울음소리, 말갛게 빈 밥그릇, 뇌출혈로 쓰러져 신음하는 노스님, 오래된 벗, 술 먹고 취하기만 하는 미운 남편, 말이 잘 통하는 도반, 죽어라 공부 안 하는 자식, 오래되어 낡은 싱크대, 따뜻한 목욕물, 군데군데 곰팡이 피어난 누추한 집, 하필이면 오늘 고장 난 엘리베이터, 한국이라는 우리의 땅, 언제든 가 닿을 수 있는 다른 나라들, 그리고 끝 간 데 모르게 펼쳐진 이 우주…. 눈앞으로 펼쳐진 이 모든 것들이 사실은 당신 하나를 눈앞의 본원으로 돌려보내기 위해 끊임없이 시그널을 보내며 존재해왔던 것들입니다.

진리는 단 하나만 보내지 않습니다. 당신 하나 깨우치게 하기 위해 그 모두, 이 전체를 보냅니다.

이제 당신도 그만 깨어날 때가 되지 않았는가요?

세계로 살 것인가,

아니면 나로 살 것인가.

바람으로 살 것인가,

아니면 그물로 살 것인가.

이 선택권은

제가 처음으로 드리는 것도 아닙니다.

그것은 처음부터 그 모든 순간,

당신 가까이 그 모든 것으로

드러나 있었습니다.

4 장

본래 온전한 중생의 삶

이 세상은 본래 중생들을 위한 놀이터이다

페도라는 원제의 정체성

대학생 시절, 저는 유별나게도 개량 한복을 입고 페도라(중절모)를 쓰고 다녔습니다. 개량 한복 바지는 좌선 때문에 입고 다녔습니다. 학교에서 공강 시간이 되면 어디 으슥한 강의실이나 옥상의 그늘진 곳에 가서 두터운 좌복을 깔고 한 시간씩 앉아 있었습니다. 페도라는 학생 때부터 그냥 좋아했습니다. 페도라에 개량 한복 복장으로 캠퍼스를 누비니, 아마도 학생들 몇몇은 '도를 아십니까'의 한 사람 정도로 생각했을지도 모릅니다. 이렇게 생각해보니, 대학생이던 20년 전과 스님인 지금의 모습 사이에 큰 차이는 없습니다. 다만 입는 옷의 색깔이 좀 바뀌었을 뿐입니다. 제 복장을 특이하게 본 어떤 분이 물었습니다.

"스님, 중절모를 참 좋아하시네요?"

"네, 제가 개화기 시대 지식인 코스프레를 좋아합니다."

"근데 스님, 그 페도라 좋아보이는데 저한테 주시면 안 돼요?"

"안 됩니다. 저 이 페도라 쓰고 태어났어요."

그래도 정 페도라를 원하시면, 이렇게 부언해드리기도 합니다.

"멕시코에 가면 칸쿤이라는 해안 휴양도시가 있어요. 거기 13번 선착장에 가면 이런 페도라를 살 수 있습니다."

아무리 무소유가 스님들의 미덕이라지만, 페도라는 안 됩니다. 페도라는 저의 정체성입니다.

삶으로 증명된다

2020년 2월, 봉준호 감독의 작품 〈기생충〉이 아카데미 시상식 주요 부문에서 유력 후보로 올랐을 때, 저 역시도 늦은 밤까지 컴퓨터 앞에 대기하며 시상식 결과를 기다리고 있었습니다. 저는 오래전부터 봉준호 감독의 팬이었기 때문입니다. 제가 고등학생이었던 1995년, 그가 찍은 단편영화 〈지리멸렬〉을 처음으로 보았습니다. 이후 저는 그가 찍은 모든 영화를 섭렵했습니다. 저에게 있어 〈마더〉는 한국 최고의 작품입니다. 김혜자 배우가 석양의 빛을 받으며 흔들리는 버스 안에서 막춤을 추던 마지막 장면에 그만 저는 넋을 잃고는 자리에서 일어날 수가 없었습니다. 그렇기에 이 최고의 영화를 찍은 봉준호 감독은 당연히 저에게 한국 최고의 감독이 되었습니다.

결국 2020년 아카데미 영화제에서 영화 〈기생충〉은 4관왕을 수상했습니다. 수상 소식은 다음날 아침 언론에 대서특필되었고, 유튜브에서는 봉준호 감독과 관련된 영상들이 우후죽순으로 떠올랐습니다. 그런 봉준호 감독의 아카데미 시상식 장면 중 저에게 무척이나 인상 깊었던 순간이 있었습니다. 그것은 바로 봉준호 감독이 감독상 수상 코멘트를 할 때였습니다.

"어렸을 때부터 영화 공부할 때 늘 가슴에 새긴 말이 있습니다. 그것은 '가장 개인적인 것이 가장 창의적인 것이다'입니다. 그리고 이 말을 하

셨던 분은 바로….'

그때 봉준호 감독이 손을 내밀며 말했습니다.

"위대한 마틴 스콜세지 감독께서 해주신 말입니다."

그러자 카메라들의 시선이 일제히 마틴 스콜세지 감독에게 향했습니다. 이에 시상식에 참석한 영화인들이 하나둘씩 자리에서 일어나기 시작하더니 모든 사람들이 일어나 마틴 스콜세지 감독에게 기립박수를 보냈습니다. 사람들의 이와 같은 찬사에 세계 영화계의 살아있는 거장인 마틴 스콜세지 감독도 울먹이는 듯한 얼굴로 같이 일어나 사람들에게 감사를 표했습니다. 이제는 백발이 되어버린 노장의 모습을 보며 저 역시도 눈물이 났습니다. 사실 이전에도 봉준호 감독은 마틴 스콜세지 감독을 존경한다고 여러 차례 언급한 바 있습니다. 그렇기에 그런 수상의 순간에 세계적인 거장에게 오마주를 표할 수 있는 것은 스스로에겐 영광이었고, 이를 지켜보던 관객들에게는 벅찬 감동이 되었던 것입니다.

이후 〈기생충〉이 아카데미 최고의 영광인 작품상까지 수상하면서 영화와 관계된 모든 사람들이 무대에 올랐습니다. 그때 영화 제작자인 곽신애 대표가 수상 소감을 말했습니다. 그런데 곽 대표의 소감이 끝나고, 곧이어 무대에 선 사람들이 한 자그마한 여성을 중앙으로 모셨습니다. 저는 이 사람이 누군지 알지 못했습니다. 그런데 제작사 대표의 코멘트로 수상 소감이 끝났다고 생각했는지 무대 중앙의 라이트가 꺼졌습니다. 그러자 시상식에 모인 사람들이 일제히 'Up!'을 외치며 불을 켜라고 했습니다. 이후 코멘트는 계속되었습니다. 그 코멘트를 이어간 사람은 다름아닌 CJ의 이미경 부회장이었습니다. 이미경 부회장은 영화 배급사의 대표이고 또한 영화 〈기생충〉의 제작에 거액을 투자한 인물이었습니다.

영화 〈기생충〉은 블록버스터가 아님에도 제작비가 무려 150억 원이나 들었습니다. 열악하기 짝이 없는 영화판에서 '표준 근로 계약'에 맞게끔 제작진들의 임금을 보장해주고, 밤 촬영이 힘든 아역 배우를 위해서 배우들과 촬영 스케줄을 조정하느라 촬영 일정이 길어진 이유 때문이었습니다. 사실 제 주변에 영화판에 속한 사람들이 있어, 현장의 분위기를 어느 정도 알고는 있습니다. 촬영이 길어질수록 영화 제작 비용은 무턱대고 치솟습니다. 그래서 현장의 사람들이 최대한 짧은 시일 내에 촬영을 마치려고 고군분투하는 것이 현 영화 촬영장의 실정입니다.

영화는 물론 여러 사람의 노력과 열정으로 이루어진 공동의 창작물입니다. 그러나 영화 제작에 있어서 가장 중요한 것은 자금입니다. 이 자금 지원이 넉넉해야지만 영화를 제대로 만들 수 있고, 또 영화를 만드는 작업 환경의 수준을 높일 수 있습니다. 그런데 제가 아는 한 일반적인 영화 작업 현장은 봉준호 감독이 지향했던 바대로 표준 근로 계약을 준수하고, 아역배우를 보호하기 위해 스케줄을 조정할 수 없을 정도로 열악합니다. 늘상 자금 부족 문제로 허덕이기 때문입니다. 하지만 영화 현장의 노동 복지나 아역 배우 보호를 주장한 것이 봉준호 감독이고, 자금적인 손실에도 불구하고 감독을 믿고 적극적으로 지원해준 인물이 바로 이미경 부회장이었습니다. 영화 〈기생충〉은 이렇듯 독창적이고도 사려 깊은 예술가와, 이 예술가의 안목과 역량을 믿어준 자본가가 협업해 이루어낸 감동적인 결과물이었던 것입니다.

저는 이런 생각을 합니다. 과연 봉준호 감독이 아니었다면 영화판에서의 복지가 실현 가능했을까. 이미경 부회장의 봉준호 감독에 대한 전폭적인 지지와 신뢰가 없었다면 이것이 불가능했을 것입니다. 물론 〈기생충〉이라는 영화가 나오기까지는 수많은 사람들의 노고과 열정이 있었을 것입니다. 하지만 이 영화의 탄생에 있어서 가장 핵심적이고 중요한 인물은 작가이자 감독인 봉준호라는 사람입니다. 봉준호 감독의 뛰어난 역량과 끈질긴 뚝심으로 이 영화가 탄생한 것입니다.

사실 봉준호 감독 이전에도 여러 사람들이 영화판의 열악한 현장을 개선해야 한다고 주장했습니다. 많은 이들이 표준 근로 계약서를 준수하고 배우들이나 스텝들의 복지 수준을 높여야 한다고 주장해왔던 것입니다. 이는 이미 수십 년 전부터 나온 정당한 주장이지, 전혀 새로운 내용들이 아닙니다. 그런데 결과적으로 그 누구도 이루어내지 못했습니다. 그런데 이것을 봉준호 감독이 끝내 이루어낸 것입니다. 그리고 저는 이러한 결실의 배경에 봉준호 감독의 역량과 끈기가 있었기에 가능했다고 보고 있습니다. 영화판에서 수십 년간 쌓고 다져온 역량과 끈기 말입니다.

역량과 끈기는 단지 영화판에서 필요한 것만이 아닙니다. 수행을 하고 진리를 구한다는 도판道判에서도 역량과 끈기가 필요합니다. 수행이 보편화된 지금에 있어 이미 많은 사람들이 도道나 진리에 대한 견해를 잘 갖추고 있습니다. 그리고 그러한 결과로서 여러 SNS나 책, 혹 인터넷 매체를 통해서 많은 이들이 이러한 내용들을 적극적으로 드러내고 있습니다. 소위 '깨달음의 민주화 시대'가 펼쳐진 것입니다. 하지만 그러한 선의와 정견을 현실이라는 기반에서 이루어내게끔 충분한 역량과 끈기를 갖춘다는 것은 별개의 일입니다. 말은 언제든 바를 수 있고, 주장은 늘 그렇듯 합리적일 수 있습니다. 하지만 문제는 이를 '현실에서 구현해낼 수 있는가'입니다. 제아무리 좋은 내용의 주장이라도, 우리가 발 딛고 살아가고 있는 삶이라는 터전에서 입증되지 않으면 한낱 말의 잔치로만 끝나버리게 되는 것입니다.

저는 봉준호 감독을 존경합니다. 영화판이든 도판이든, 영화를 찍든 수행을 하든, 남들처럼 입바른 소리를 하고 올바른 견해를 주장하는 것에 머무르지 않고, 수십 년의 노력 끝에 본인의 역량과 끈기를 영화라는 결과로써 입증했기 때문입니다. 영화감독이 영화로 입증한다면, 수행자는 삶으로 증명합니다. 그럴듯한 견해와 주장만 가지는가, 아니면 수십 년의 노력 끝에 본인의 역량과 끈기로 삶에서 실제 결과를 일구어내는가는 천지 차이입니다. 견해와 주장은 그 누구든, 어떻게든 자유롭게 표현할 수 있습니다. 하지만 역량과 끈기를 가지고 삶이라는 결과물로써 분명히 입증해내는 사람은 극히 드뭅니다.

간혹 수행은 이렇게 해야만 하는 것이고, 한국불교는 이러한 방식으로 나아가야 한다고 주장하는 분들도 많습니다. 그런데 그 대부분의 내용은 남들이 어떻게 살아야 하는지, 혹 바깥 조직이 어떤 방향성을 가지고 운용되어야 하는지에 대한 자신만의 견해며 주장입니다. 이를 두고 저는 '판단은 본인이 하고, 실행은 대상으로 미루는 전형적인 불일치'라고 평하기도 합니다. 그러나 제가 언제나 중점적으로 관찰하는 것은 사람의 말이 아니라 삶입니다. 대부분의 경우, 사람들은 말로써 주장을 펼치고 상대가 되는 사람들을 설득합니다. 하지만 저는 진정한 설득이나 감화는 말로 나오는 것이 아니라, 삶으로 증명되는 것이라고 믿고 있습니다. 삶이 이미 그러하다면, 우린 말없이 고개를 끄덕이며 동조할 수 있습니다. 그렇기에 저는 견해와 주장의 말잔치가 본인의 삶보다 앞서는 분들에게 다음과 같은 돌직구를 던지기도 합니다.

"백천 가지 주장은 그만두시고, 이제 당신의 삶으로 증명하세요. 자신의 삶보다 위대한 증명은 없습니다."

삶으로 증명해야지만, 그렇게 삶으로서 제대로 살아나야지만, 비로소 진짜가 되는 것입니다.

죽음 연습

저의 오래된 습관입니다. 절벽 위에 오르면 그 끄트머리에 서서 허공을 바라봅니다. 밑으론 까마득한 낭떠러지입니다. 발 한번 잘못 내디디면 죽습니다. '여기서 떨어지면 죽겠지?' 죽는 상상을 합니다. 상상 속에서 저는 죽습니다. '죽겠구나. 죽으면, 뭐 죽으면 되겠구나.' 머리를 스치는 바람이 무척 편안해집니다.

기차역에서 기차가 달려옵니다. 역에 다다라 속도를 늦추었어도 제법 빠릅니다. '저 기차 앞으로 뛰어들면 죽겠지?' 기차에 치여 죽는 상상을 합니다. '죽겠구나. 죽으면, 뭐 죽는 거겠지.' 하고 죽습니다. 기차에 오르는 한 걸음 한 걸음이 무척 가벼워집니다.

남들에게 말을 하지는 않았지만 저는 죽는 상상을 자주 해왔습니다. 그 언제고 어떻게라도 죽는 상상을 해온 것입니다. 그 시작은 군대에서였습니다. 부대가 훈련 도중 나무 밑에서 휴식을 취하고 있었습니다. 그러나 저희 분대가 중대장의 명령을 받고 자리를 옮겼습니다. 그러고 난 딱 15분 뒤였습니다. 나무 밑에서 쉬고 있던 두 동료가 브레이크가 고장 나 달려오던 전차에 깔려 그대로 사망하고 말았습니다. 그렇게 15분 차이로 생사가 갈리는 황망한 사건을 겪은 뒤, 저는 쭉 죽는 상상을 해왔던 것입니다.

처음에는 죽는 상상이 두렵고 힘들었습니다. 하지만 자주 할수록,

상상 속에서 자주 죽을수록 힘이 덜어졌습니다. 죽음을 대하는 무게가 줄어들고, 죽음을 대함이 점차로 편안해진 것입니다. 그런데 이 죽음을 가까이 대할수록 이상한 일이 벌어지고야 말았습니다. 삶이 가벼워지고 편안해지는 것이었습니다.

죽음을 대상으로 해서 죽음을 연습한다는 생각으로 해온 것이었는데, 그 결과는 도리어 삶으로 나타났습니다. 죽음이라는 게 본래 죽음이 아니고, 삶이라고 하는 것도 본래 삶이 아닙니다. 이 둘을 떼어놓고 서로 반대에 세워놓고서 대할 수 있는 게 아닙니다. 삶 속에 죽음이 있고, 죽음 속에 또한 삶이 있습니다. 죽음이라는 허깨비에서 벗어날 수 있다면, 그와 동시에 삶이라는 허깨비에서 벗어날 수도 있습니다. 그러한 까닭에 《대반열반경》에서 부처님은 이렇게 말씀하셨습니다.

> 모든 발자국 가운데 코끼리 발자국이 최고이고,
> 마음을 다스리는 명상 가운데 죽음에 대한 명상이
> 최상이노라.

죽음을 계속 상상하는 작업이었지만 그것은 동시에 명상이기도 했습니다. 나의 죽음은 동시에 나로서의 자유입니다. 나라는 실체감의 무게에서 벗어날 수 있다면, 그때부터는 인연에 맞게 나로서 자유롭게 살아갈 수 있기 때문입니다. 그래서입니다. 절에선 기본적으로 스님 역할을 합니다. 그러면서 법당에서 기도 스님도 하고, 선방에서는 수좌 노릇도 하고, 사형께는 말 안 듣는 사제도 하고, 옛 학교 친구 만날 때는 친구 노릇도 하고, 속가 집에 가서는 여전히 아들 노릇도 하고, 컴퓨터 앞에서는 게임승도 하고, 게임승인 이유로 땡중도 하고, 가까운 반연에게는 수행을 가르치는 스승도 하고, 생각난 김에 해본 세계일주 덕에 전문 여행자도 해봅니다. 그러면서 앞으로도 인연대로 오는 거 모두 다 해볼 생각입니다.

아무것도 아닌 게 아무것도 아닌 게 아닙니다. 아무것도 '아닐' 적에야 비로소 아무거나 '될' 수 있는 까닭입니다. 아무것도 아니기에 머물 바가 없지만, 아무거나 될 수 있는 자유가 동시에 주어지기도 합니다. 그렇게 아무것도 아닐 수 있는 그 시작이 있습니다. 그것은 바로 나의 죽음을 받아들이는 것에서부터입니다. 이것이 바로 죽음 명상의 출발점인 것입니다.

삶은 생각보다 단순하죠.

다만 그것을

어떻게든 채우고

꾸미려 하는

욕망에 의해 복잡해질 뿐입니다.

두 다리 쭉 펴고 잠자는 일

대학교 3학년 때의 가을이었습니다. 수행을 몸에 익힌다며, 하루 대여섯 시간씩 좌선과 행선을 하던 때였습니다. 좌선하기에 편할 듯 싶어서, 아예 옷차림도 개량 한복이었습니다. 당시에도 중절모를 쓰고 다녔으니, 지금 살아가는 모습과 옷색깔 말고는 별반 차이가 없었습니다. 당시 저는 학교 벤치에 앉아 가을바람에 떨어지는 낙엽들을 골똘하게 바라보고 있었습니다. 낙엽 하나를 주워들고 손가락으로 잎사귀 결을 느끼며 찬찬히 만졌습니다.

'가깝다. 정말 가깝다. 그러나 나는 보지 못한다. 알지 못한다. 무엇이 문제일까.'

가까운 것은 알았습니다. 그런데 무엇이, 어떻게 가까운지를 알지 못해서, 그것을 알아야 한다는 생각이 가득하던 때여서 지난 1년간 열심히 수행은 했으되, 눈앞이 캄캄한 시절이었습니다.

《벽암록》에는 열여섯 보살이 물의 성질로 깨달았다는 일화●가 나옵니다. 그들은 여느 때처럼 욕실에 들어가던 중이었습니다. 그러나 목욕물로

●
《벽암록》78칙, 개토수인開土水因, '열여섯 보살이 물의 성질로 깨달음'.

들어가며 홀연히 물의 인연으로 깨치게 되었습니다. 이 일화를 듣고 어떤 분은 이렇게 말씀하기도 하셨습니다.

"아휴, 그 보살들은 참 좋겠어요. 누구는 그렇게 목욕하다가도 깨치는데 왜 저는 이렇게 아무것도 없는 걸까요?"

한번 웃고야 말았습니다. 깨닫는 기연이 어찌 목욕하는 그 순간만이겠습니까. 인연은 이미 눈앞에 만법으로 펼쳐져 있습니다. 그러나 우리가 깨달음과 환히 만나지 못하는 것은 원오 극근 선사의 말을 빌자면, '육진六塵 경계의 미혹에 가리고 끈끈한 피부가 뼈에 달라붙은 듯 집착하기에 정신을 차리지 못했기 때문'입니다. 집착에서 벗어남은 무언가에 집중하는 게 아닙니다. 완연하게 비어 있음입니다. 만일 비어 있음으로 만날 준비가 되어 있지 않으면, 눈 뜨고도 보지 못하고, 열린 귀로도 듣지 못합니다. 굳이 말로써 더 보태자면, 눈으로 보려 하기 때문에 만나지 못하는 것이고, 귀로 들으려 하기 때문에 열리지 못하는 겁니다.

깨달음은 그런 대상이 아닙니다. 제가 깨달음을 여러 방식으로 설명하며 '펼쳐진다' 혹 '드러난다'라는 표현을 자주하는 편입니다. 깨달음을 굳이 동사화하자면 그것은 '밝게 펼쳐지는宣明' 것입니다. 원오 극근 선사는 선명宣明을 이렇게 설명해주셨습니다.

"선宣이란 밝게 나타남이며, 오묘한 감촉이란 밝음明이다. 오묘한 감촉을 깨쳤다면 부처님의 아들이 되는 것이다. 그대들이 자유자재하다면 굳이 목욕하러 들어간 것에만 한정할 필요가 있겠는가? 한 터럭 끝에 보왕寶王의 세계가 출현하고, 미세한 티끌 속에 큰 법륜을 굴릴 수 있을 것이다.

한 곳을 꿰뚫으면 천 곳 만 곳이 일시에 꿰뚫리니 고집스럽게 하나의 소굴만 지키지 말라. 모든 곳이 다 관음觀音이 진리로 들어가는 문이다.”

비워져 있는 준비만 되었다면 단지 목욕하러 물에 들어갈 때뿐이겠습니까. 수도꼭지에서 세차게 나오는 물을 보면서도, 스테인리스 대야가 욕실 바닥에 툭 떨어지는 소리로도 깨칠 수 있습니다. 보고 듣고 느끼는 그 모두가 진리로 들어가는 문인 것입니다. 그러나 진리라는 말, 깨친다는 말, 부처(깨달음)라는 말 등 그 모든 말들이 다 ‘어쩔 수 없이’ 하는 말들입니다. 그렇기에 설두 스님은 “꿈속에서 원통圓通을 깨달았다 말하니, 향수로 씻었다 해도 낯짝에 침을 뱉으리라.”라고 하셨습니다. 도대체 누가 깨닫고, 그 누가 깨닫지 못했으며, 도대체 그 어떤 깨달음이 있고, 그 어떤 깨달음 아닌 게 있다는 말입니까. 모두 말이며 생각이고 개념입니다. ‘어쩔 수 없이’ 이런 말을 하는 것이며, ‘어쩔 수 없이’ 수행이라는 것이 나타나는 것이며, ‘어쩔 수 없이’ 부처님이 세상에 나오게 된 것입니다.

그렇기에 서산 대사는 “불조출세佛祖出世가 무풍기랑無風起浪이라”고 하셨던 것입니다. 이는 곧 ‘부처와 조사가 세상에 나옴은 마치 바람도 없는데 물결을 일으킨 것이다’라는 뜻입니다. 해석하기에 따라 ‘부처와 조사가 괜한 평지풍파를 일으켰구나’라고 할 수도 있습니다. 그러나 다른 한편으로는 ‘부처와 조사가 중생들을 위해서 자비의 모습으로 그렇게 바람조차 없는 곳에서 ‘어쩔 수 없이’ 출현하셨구나’라고 새길 수도 있습니다. 저는 주로 뒤의 새김을 제 살림으로 삼는 편입니다.

협산 선회 스님이 말했습니다.

분명하고 분명하여 깨달은 법 없는데

깨닫는다고 하면

도리어 사람들을 미혹하게 하는 것이니

두 다리 쭉 펴고 잠자노라.

거짓도 없고 참도 없구나.

예, 분명하고 분명한 일이지요. 그 어떤 깨달음과 깨달음 아님이 있겠고, 그 어떤 법과 법 아님이 있겠습니까. 둘 아닌不二 분명함이 온전하게 펼쳐지는 일입니다. 그렇게 두 다리 쭉 펴고 잠자도 되는 일이지요. 거기에 참과 거짓이 없는데, 공연히 거기에 참과 거짓을 가져다 붙인다면, 그것은 스스로를 망상에 빠져들게 하는 일입니다. 망상과 분별이라는 게 실은 자승자박自繩自縛하는 일인 것입니다.

그런데 있잖습니까, 진정 그러하다면, 도리어 이 자승자박으로 뛰어들 줄도 알아야 하는 법입니다. 자승자박 그대로가 이미 진실된 일이며, 구속되는 그대로 처음부터 자유로운 일이기 때문입니다. 세계로서 나타난 그 모든 대상, 일, 관계, 그리고 나라는 인연까지 그 모두가 하나도 버릴 것 없고, 하나도 벗어날 곳 없는 겁니다.

이제 글을 마치고 저는 적삼을 잘 챙겨입고, 가사도 잘 수하며, 사시마지를 올릴 것입니다. 염불도 경건히 읊고, 목탁도 신심 있게 칠 것이며, 신도님을 위한 축원문도 정성을 다해서 읽을 것입니다.

저는 이렇게 자승자박합니다. 네, 저는 이렇게 '원제 놀이'합니다.

먼지 한 점

이와 같은 꿈을 꾸었습니다.

저는 높고 넓은 마루에 혼자 앉아 있었습니다. 사위는 고요했으며 눈앞에는 숲이 가지런히 펼쳐져 있었습니다. 아마도 오랜 시간 고요함에 들었던 듯합니다. 그러다 잠시 깨어난 상태로 돌아오니, 눈앞에 무언가가 보입니다. 눈 가까이 작은 생명체 하나가 공중에서 떨듯이 움직이고 있었습니다. '작은 벌레인가 보다' 하고 생각하고, 저는 다시 무심한 고요로 들어갔습니다.

어느 정도 시간이 흘렀을까. 다시 눈을 떠보니 그 벌레는 아직도 제 눈앞을 떠나지 않고 부유하고 있었습니다. 도대체 이게 뭘까. 저는 움직이는 벌레를 자세히 바라보았습니다. 그런데 자세히 보니 그것은 벌레가 아니었습니다. 그것은 공중에 떠 있는 먼지 한 점이었습니다. '먼지 한 점, 왜 이리 있는 걸까?' 저는 손을 들어 검지와 엄지로 고요하게 떨고 있는 먼지를 살짝 붙잡았습니다.

그렇게 먼지 한 점을 잡는 순간이었습니다. 마치 두꺼운 유리가 쩍쩍 소리를 내며 깨지듯 사방에 굵고 검은 금이 가기 시작했습니다. 곧 있어 맹렬한 소리가 터짐과 동시에 사방이, 온 세상이 부서져버렸습니다.

그러면서 제가 앉아 있던 마루와 눈앞의 숲은 온데간데없이 사라져버렸습니다. 그런 뒤였습니다. 저는 주변을 멍하니 넋을 잃고 쳐다볼 뿐이었습니다. 그렇게 온 세상이 폭발하듯 부서진 뒤, 저는 우주의 한 가운데에 앉아 있던 것이었습니다.

'도대체 무슨 일인가.'

저는 주위를 둘러보았습니다. 사방은 검은 우주였습니다. 그리고 이 무한의 공간에서 수많은 별들이 마치 천정 위에 박힌 보석처럼 빛나고 있었습니다. 그러다 눈앞 아래쪽에 파란별 지구가 눈에 들어왔습니다. '아, 저기 지구가 있구나' 하고 저는 아무 생각없이 바라보았습니다. 그런데 신기한 일이었습니다. 지구에서 멀리 떨어져 있음에도, 저는 지구에서 살아가는 수많은 사람들의 일상적인 모습을 볼 수 있었고, 또 그들이 하는 대화를 듣고 있었습니다. '오늘 저녁에 뭘 먹을까', '이번 주말에 부모님 뵈러 가봐야 할 것 같아', '애들은 6시까지 놀이터에서 공놀이 하기로 했어' 등등 지구에서 사는 여러 사람들의 모습이며 말들이 그대로 보이고 들렸습니다. 그런데 그뿐만이 아니었습니다. 그들의 모습이 보이고 말이 들리는 것뿐만 아니라, 그들의 내밀한 마음마저도 그대로 저에게 전달되는 것이었습니다. 겉으로는 아무렇지 않은 일상적인 모습이었지만, 그들 모두가 흐느끼며 절규하고 있었습니다. '도대체 나한테 왜 이런 일들이 벌어지는 거야!', '그 사람이 어떻게 나를 배신할 수가 있어!', '지금 이 고통이 빨리 지나갔으면 좋겠어' 사람의 마음 밑에 가려진 나지막한 흐느낌과 신음이 그대로 제 마음으로 전달되어 흡수되는 것이었습니다.

'아…!'

사람들이 차마 말 밖으로 꺼내지는 못하고 있었습니다. 그러나 그것은 인간의 괴로움이며 처절한 삶이었습니다. 그들의 마음이 그대로 전달된 이유 때문인지, 저 역시도 그들과 같이 울먹이고 있었습니다. 힘들고 괴로워도 어떻게든 저렇게 속마음을 숨기며 살아갈 수밖에 없는 상황에 공감하며, 저 역시도 한없이 슬퍼하며 울먹였던 것입니다. 그렇게 한참을 울고 있던 중이었습니다. 난데없이 들려온 종소리와 함께 우주와 지구가 순식간에 사라지고 전혀 다른 세상이 눈앞에 나타났습니다. 군복이 걸린 의자며 책상, 그리고 커다란 옷장까지 익숙한 모습들이었습니다. 네, 저는 부대 막사의 제 방에 혼자 남아 있던 것이었습니다. 중대원 모두 JSA로 모의 훈련을 나가 있었고, 부대에 잔류해 있던 저는 야간 당직을 마치고 잠시 낮잠에 빠졌던 것이었습니다.

다시 아무렇지 않게 현실 세계로 돌아왔지만, 아무리 생각해보아도 평범한 꿈은 아니었습니다. 꿈에서 느꼈던 사람들의 절박한 고통의 심경이 여전히 제 가슴 속에 잔기류로 남아있었습니다. 그리고 저는 제 눈앞에서 아른거리던 그 먼지 한 점을 떠올렸습니다. 그러면서 이 먼지 한 점은 어쩌면 이미 오래 전부터 어떤 종류의 깨달음을 주기 위해 제 눈앞에 와있었다는 느낌이 들었습니다. 젊은 날, 저는 이 먼지 한 점의 의미를 찾기 위해 그렇게 치열하게 이곳저곳을 동분서주했는지도 모릅니다. 그러다 다시 이 먼지 한 점을 만나게 된 것은 출가하고 난 뒤였습니다. 해인사 퇴설당에서 행자 생활을 하며 의상 조사가 쓴 〈법성게法性偈〉를 보던 때였습니다.

一微塵中含十方 일미진중함시방
一切塵中亦如是 일체진중역여시

한 티끌의 먼지가 온 우주를 품고 있고
온 우주의 먼지 티끌도 이와 같네.

크기로 보자면 아주 작고도 의미 없을 듯한 먼지 한 점입니다. 하지만 이 한 점 먼지의 미세한 떨림이 멈추면 온 세상이 그대로 멈출지도 모르는 일입니다. 나라는 존재가 크기로 보자면 세상이나 우주에서 먼지처럼 작을 것입니다. 하지만 내가 멈출 수만 있다면, 그것은 마치 세상이나 우주가 통째로 부서지고 그 본연의 진리가 드러나는 것처럼 실로 거대한 일인지도 모릅니다.

네, 먼지 한 점은 이런 의미를 전달하기 위해, 그렇게 미리 와 있었는지도 모릅니다.

당신을 무시하는 사람이 있어서
기분이 나쁘다고요?

정말요? 그게 사실인가요?

남한테 인정받고 싶어 하는

당신이 있는 게 아니고요?

나를 써먹는다는 것

공부하는 한 친구가 찾아와 같이 산길을 포행하는데, 문득 이런 말을 합니다.

"스님, 스님이 글 쓰면서, 게임도 하고, 늦잠도 자고, 어디 해외여행도 다니고, 부모님 만날 적에 소고기도 사가고 이런 거 글로 쓰시잖아요."

"응, 그래."

"그런데 꼭 그런 내용까지 쓰셔야 해요? 저야 스님이 어떻게 사시는 줄 알지만, 다른 사람들이 스님을 오해하지 않을까 하고 제가 좀 걱정이 돼서 그래요."

숲길을 걸으며 기분 좋게 웃었습니다.

"사실인데 뭐. 굳이 감출 필요까지 있겠나?"

"그렇다고 그렇게 꼭 그렇게 말해야 할 필요까지 있는 건 아니잖아요?"

"그렇지. 꼭 그렇게 말할 필요까지 있는 건 아니지. 그런데 필요까지는 아니더라도, 그렇게 말하면서도 써먹을 수 있는 부분이 있기도 해. 그러한 부분이 있으면 재주껏 써먹어도 괜찮아."

"써먹을 수 있는 부분요?"

"그래, '나'를 써먹는 거야. 기왕이면, 써먹을 수 있으면, 원제 또한 그렇게 써먹는 거지. 그리고 그 무엇보다 중요한 것은 애초부터 감출 수 있는 일이 아니란 거야. 이게 중요해."

저는 포행을 하며 단주알을 엄지손가락으로 톡톡 돌렸습니다. 손가락 끝에서 단주알이 쓰윽쓰윽 미끄러집니다. 직접 눈으로 보지 않더라도 압니다. 단주알이 하나씩 하나씩 자리를 옮겨가며 돌아가고 있다는 사실을 말입니다. 눈을 감더라도, 눈으로 보이지 않더라도, 그렇게 압니다. 그렇게 감출 수 있는 일이 아닙니다.

저는 잠시 자리에 멈춰서서 길가의 마른 나뭇잎 하나를 주웠습니다. 그리고 이 나뭇잎을 찬찬히 만졌습니다. 얇은 두께에도, 손가락 끝에서 두껍고도 가느다란 결들이 아주 또렷하게 느껴졌습니다. 친구에게 나뭇잎을 건넸습니다. 그리고 만져보라고 했습니다. 어리둥절하면서 친구가 손으로 나뭇잎을 만집니다. 그러나 별다른 대꾸는 없습니다.

'아직은 아니구나.'

아직 이렇다 할 만한 준비가 되지는 않은 것입니다. 그렇게 저는 나뭇잎을 다시 건네받고 공중에서 톡 떨어뜨렸습니다. 나뭇잎이 공중에서 몇 바퀴를 도는가 싶더니 가벼운 소리를 내며 땅에 내려앉습니다.

나뭇잎을 말하는 것이 아닙니다. 애초부터 감출 수 있는 일이 아님을 말하고자 함입니다. 처음부터 벗어날 수조차도 없음을 말함입니다. 그리고 그렇게 감출 수 없는 일이라면, 드러난 그 모든 것들은 인연따라 써먹을 수 있습니다. 단주도, 나뭇잎도, 심지어 원제도 그러합니다. 드러난 그 모든 것들은 인연에 맞게끔 써먹을 수 있다면, 그것은 참 좋은 일입니다.

도적이 칼을 들고 오면

포행을 가는데 도반스님이 길가에 쓰러진 나무를 톱으로 정리하고 있었습니다. 곧 있잖아 막혀 있던 길이 뚫렸습니다. 이러한 광경을 쓰윽 보고 지나가려니 도반스님이 말을 걸며 세웁니다.

"어이, 그냥 못 지나가. 통행세 내야지."

"그런가?"

저는 풀섶에서 나뭇가지 하나를 주워다 바닥에 동그라미 하나를 그렸습니다.

"그래, 그럼 이 동글뱅이는 얼마나 쳐줄랑가?"

도반스님은 대꾸가 없습니다.

"통행세 다 내고 남은 돈으로, 내 스님에게 나중에 밥 한 끼 얻어먹도록 하지."

그렇게 저는 나뭇가지를 저 멀리 내던지고 다시 포행을 이어갔습니다.

도적이 칼을 들고 오면 그 칼을 빼앗아야 합니다. 그리고 그 칼을 가지고 도리어 그 도적을 찔러 죽이는 데 써야 하는 법입니다.

불사佛事

그 언젠가 하안거 중 제초 울력을 할 때입니다. 후배스님은 이제 안거가 끝나면 은사스님 절에 가서 일을 해야 한다고 고민입니다. 은사스님이 큰 불사를 진행 중인데, 그곳으로 돌아가면 이제 하루도 쉬지 못하고 할 일이 천지라는 것입니다. 이 말을 들은 저는 풀 한 포기를 조심스럽게 캐내었습니다. 뿌리를 감싼 흙이 떨어지지 않도록 감싸곤 그대로 후배스님에게 건네주었습니다. 후배스님은 잡초 한 포기를 받곤 어리둥절한 표정이었습니다.

"이건 뭐예요, 스님?"

"응, 이거 가져다가 스님 은사스님 모시고 법당으로 가. 그리고 법당 옆에다 정성껏 잘 심어. 그리고 스님한테 이렇게 말씀드리면 돼. '스님, 불사는 이렇게 끝을 마쳤습니다.' 그 다음에 이런 말씀을 드려. '스님, 이제부터는 사람 불사를 하시지요?' 그리고 나서 은사스님한테 돈 좀 달라고 해. 그리고 그 돈으로 세계일주를 1년 정도 다녀오는 거야."

후배스님은 제 말에 손사래를 칩니다.

"안 돼요, 스님. 절대 안 줘요."

"그래? 그렇다면~ 훔쳐. 도량 불사 자금에서 조금 빼도 괜찮을 거야."

저는 좋은 선배스님입니다. 좋은 걸 많이 가르쳐주면 좋은 선배입니다. 그러나 후배스님의 표정은 일그러지고 있었습니다. 아무래도 점심 먹은 게 소화가 안 되는 모양이었습니다.

"스님, 저 그러면, 은사스님한테 맞아 죽어요."

맞는다, 죽는다…, 그 후배스님의 은사스님은 그렇게 제가 차마 예상치 못한 불사도 하시는 모양이었습니다.

법당을 짓고, 불상을 모시고, 경전을 간행해야만 불사인가요. 불사는 애초부터 온 시방세계의 그 모든 방식으로 언제나 떠들썩합니다. 과거에도 그러했고, 지금에도 그러하며, 미래에도 그러할 것입니다.

몽쉘통통과 종성칠조

언젠가 선원 다각실에 몽쉘통통과 초코파이가 있었습니다. 저는 초코파이보다 몽쉘통통을 더 좋아했기에 커피를 마실 적에 언제나 몽쉘통통이었습니다. 이를 본 도반스님이 '반 농담 반 진담' 조로 말했습니다.

"원제 스님! 분별심을 버리세요!"

몽쉘통통만 먹고 초코파이는 선호하지 않는 것에 대한 지적이었던 것입니다. 이제 제가 웃으며 한마디 하게 되었습니다.

"스님! 그렇게 모든 걸 버리려고만 할 게 아니라, 그 분별을 잘 주워다 써먹을 줄도 알아야지요!"

《무문관》16칙 '종성칠조(鐘聲七條: 종소리에 7조 가사를 입다)'에서 운문 스님이 다음과 같이 말합니다.

"세계가 이렇게 광활하거늘, 무엇 때문에 종소리에 7조 가사를 입는가?"

종성칠조는 수행을 해오며 어느 정도 마음이 열리는 경계 체험을 해본 사람들을 위한 공안입니다. 이 공안은 생사가 잠시 멈춰지며 마음과 한 통으로서 광활해지는 경계를 치러냈건만, 예불 종소리에 맞춰서 가사를 입어야 하는 식의 생사가 여전히 지속되는 것에 대한 의문을 품은 수행자들을 위한 운문 스님의 질문이자 동시에 관문입니다.

수행을 하다 보면 마음이 세상처럼 커지는 경계를 치르기도 합니다. '나'에 대한 집중과 상相에 대한 집착이 엷어지며 이전에 느껴보지 못한 전체로서의 편안함을 느끼는 경계를 지나는 것입니다. 경중의 차이는 있기는 해도 이를 두고 공의 체험이나 무아 체험이라 부르기도 합니다. 그런데 분명히 알아야 할 것은 그 모든 경계는 인연에 따라 왔다가 가는 것이며, 또한 있다가 사라진다는 것입니다. 제아무리 신묘한 경계라 하더라도 생사의 원리에서 벗어나지는 못하는 것입니다.

사실 생사가 멈춰지는 듯한 경계에 들어서면 그 일체감이나 편안함이 좋아서 이를 붙잡거나 유지하고 싶어 하는 경우가 많습니다. 그리고 이러한 경계에 놓여 있어야지만 제대로 수행하는 것이고, 이 경계가 한결같이 유지되어야만 깨달음이라고 착각하고야 마는 것입니다. 하지만 수행을 하다 보면, 경계가 멈춰지고 다시 생사가 펼쳐지는 현실로 돌아오게 되어 있습니다. 이 때문에 좌절감에 빠지고 그 편안한 상태를 그리워하는 경우도 많습니다. 경계에 대한 선망이나 집착도 역시 생사의 굴레인데, 생사의 근원을 해결한다면서 도리어 생사에 깊숙이 빠져버리는 것입니다.

《반야심경》에서 '색즉시공 공즉시색色卽是空 空卽是色'이라는 구절이 나옵니다. '색 그대로가 공이며 공 그대로가 색'임을 설하는 것입니다. 이를 달리 말하자면, 진리 그대로가 이미 현상이며, 현상 그대로가 이미 진리입니다. 진리와 현상이란 애초부터 한 몸으로서 원융하게 있건만, 수행의 경계를 어느 정도 체험한 사람들 중엔 진리만 붙들고 현상을 저버리는 듯한 성향을 보이는 사람도 있습니다. 아니면 공성이라는 진리를 붙들고 낱낱으로 벌어지는 온갖 차별적인 현상의 일들을 억지로 회통시키려 하는 경우도 있습니다. 애초부터 진리와 현상이 한 몸임에도 불구하고, 이를 잘 체화하지 못해 진리와 현상이 따로 분리되어 있기에 나타나는 부작용입니다. 그리고 이러한 견해로써 진리만을 고집하고 현상의 일들을 경시하는 태도를 보이는 수행자도 있었습니다.

제가 아는 어느 스님은 무슨 경계를 치러냈는지 오래전부터 '진리는 하나다'라는 말을 종종 해왔습니다. 나름 괜찮은 말입니다. 일체가 되어버리는 경계를 종종 체험해 왔기에 그런 말이라도 할 수 있는 것입니다. 이 스님에게 그 모든 진리는 하나이기에, 당신이 정신적 스승으로 모시는 라마나 마하리쉬나 부처님도 모두 차별 없는 성현이었습니다. 그런데 문제가 생겼습니다. 불가에 들어와 승려라는 정체성으로 살아가고 있는 스님이 이 차별 없음의 진리만 고수한 나머지, 법당에서 불경은 보질 않고 라마나 마하리쉬의 책을 가져다 놓고 읽는 데에서 문제가 생기고야 말았습니다. 당연히 대중들로부터 시비가 일어나 수행하던 절에서 떠나기도 했습니다. 차별 없음이나 진리는 하나라는 것에만 집착한 나머지 인연에 따른 자연스런 차별의 현상들을 경시했기에 이와 같은 일이 벌어지고야 만 것입니다.

문제는 진리나 현상에 있질 않습니다. 현상에 매달리는 것이 욕망이며 집착인 것은 쉽게 이해가 됩니다. 하지만 제아무리 고귀하고 위대한 진리라고 해도, 이를 고집하면 진리 또한 집착의 대상으로 전락할 뿐입니다. 제아무리 뛰어난 진리라도 이를 집착하면 번뇌며 고통입니다. 말에도 머무르지 않고, 하나로도 억지로 귀결시키지 않으며, 진리를 고집하지 않아야 합니다. 우리가 수행을 통해서 본래 성품의 차별 없음을 일별했다 할지라도, 사람과 세상의 차별적인 현상의 일들은 여전히 펼쳐지게 되어 있습니다. 인연과 인과의 흐름에 따라서 세상의 일들은 끊임없이 돌아가기 때문입니다. 수행을 잘하는 것이며 깨달음이 익는다는 것은 이 인연에 따른 차별의 일들을 떠나는 것이 아닙니다. 차별이 있는 현상의 일들이 이미 그 어떤 차별이 없는 진리의 일임을 온전하게 확인하고, 이를 삶으로서 체화하는 것입니다. 차별 없음의 진리를 알아 집착이 없게 되면, 생사로 펼쳐지는 삶의 일들을 있는 그대로 바라보는 지혜가 열리게 됩니다. 그럼으로써 우리는 차별적인 생사의 일에 빠져들지 않게 되고, 또한 차별 없는 진리에도 매이지 않게 되는 것입니다.

사람들은 흔히 자유를 두고 걸리지 않는 형태로만 해석하는 경향이 있습니다. 모든 구속으로부터 벗어나는 것이 자유라 믿는 것입니다. 하지만 인연과 인과의 순리에 따른 현상의 일들은 이 세상에서 꾸준하게 펼쳐지고 있습니다. 현상을 벗어나야지만 자유인 게 아닙니다. 현상과 함께하면서도 현상에 매이지 않을 때, 그제서야 진정한 자유입니다. 그렇기에 진정한 자유란 벗어나는 자유가 아니라, 마음껏 걸려드는 자유입니다. 그 모든 상황과 인연에 알맞게 걸리면서도 그 현상에 구속되지 않아야 진짜 자유인 것입니다.

고인古人이 말했습니다.

涅槃心易曉 열반심이효
差別智難明 차별지난명

열반의 마음은 밝히기 쉬워도

차별의 지혜는 밝히기 어렵다.

이를 풀어서 말하자면, 차별 없는 진리는 알기는 쉬워도 차별이 펼쳐지는 현상의 세계로 온전히 들어가기는 어렵다는 것입니다. 그러기 위해선 내가 중심인 것이 아니라, 나 역시도 수많은 차별 중 드러나는 하나의 현상이 되어야 합니다. 진리를 아는 것은 쉽습니다. 하지만 나를 현상으로 받아들인다거나, 내가 현상이 된다거나, 내가 인연에 맞게끔 현상으로서 노릇하는 것은 무척이나 어려운 일입니다. '내가 현상이 된다' 함은 세상의 그 모든 차별과 현상의 일들을 포기하는 것이 아닙니다. 그 차별로 벌어지는 현상의 일들이 차별 없는 완벽한 진리로써 체화되며 함께 흐르는 것입니다. 중생을 버리고 부처를 구하는 것이 아닙니다. 중생을 벗어나야만 부처가 되는 것도 아닙니다. 중생의 일을 떠나지 않았는데, 이미 부처를 구현하고 있음이 스스로 명백하게 확인되어야지 비로소 진정한 깨달음입니다.

그 언젠가 어느 스님이 수행의 궁극적 목적이 무엇이냐고 물어온 적이 있습니다. 이에 저는 '중생 놀이'라고 했습니다. '부처 놀이'가 아닙니다. 부처는 걸리지 않습니다. 진리란 걸리지 않기 때문입니다. 하지만 부처에도 머무르지 않고 진리마저도 집착하지 않으면, 중생은 그 온갖 현상에 걸리면서도 스스로 자유롭게 됩니다. 구속되지 않는 자유가 아니라, 온갖 방식으로 구속되면서도 자유로워지는 '진짜 중생'이 되기 때문입니다. 세상의 모든 인과와 인연에 걸리며 중생으로서 살아가는 데에 아무런 지장이 없어야지 비로소 진정한 자유이고 온전한 삶이라 말할 수 있습니다. 그래서 '중생 놀이'입니다.

몽쉘통통과 종성칠조입니다. 아침 7시엔 쌉쌀한 커피에다 달콤한 몽쉘통통을 먹고, 오전 11시엔 가사를 입고 법당의 종을 칩니다. 집착하지 않고 머무르지만 않는다면, 우리는 이미 인연에 따른 그 모든 일들을 완벽한 진리의 모습으로 구현하고 있습니다. '나' 중심으로 분별하며 휘둘리는 마음으로서의 분별심은 되도록 빨리 벗어나야 할 것입니다. 하지만 이 전체로서 인연에 맞게 펼쳐진 분별은 결코 버리거나 떠나는 것이 아닙니다. '나'를 거치며 그 모든 분별의 일들을 인연의 순리에 맞춰 잘 쓰면 됩니다. 그 모든 분별과 차별의 일들이 애초부터 완벽한 진리의 면면이기 때문입니다. '몽쉘통통'이라는 과자라고 해서 모자랄 것도 없고, '종성칠조'라는 선문의 공안이라고 해서 고귀한 것도 아닙니다. 이미 그 모든 것들이, 그 모든 것들로서 온전하게 드러나며 제 역할을 하기 때문입니다. 그렇기에 버릴 것 하나도 없고, 떠날 것 하나도 없습니다. 명상名相에 머무는 바 없이, 이를 잘 굴리면 되는 것입니다. 《달마어록》에도 다음과 같이 언급됩니다.

"천녀는 도를 깨닫고도 여자의 몸을 바꾸지 않았고, 찬타카는 진리를 깨달아도 자신의 천한 이름을 바꾸지 않았다."

그 모든 깨달은 중생은 자신의 중생 인연을 그 어디에도 머무는 바 없이 상황에 맞게끔 잘 굴려낼 뿐입니다. 이것이 바로 '중생 놀이'입니다.

고수에겐 놀이터, 하수에겐 생지옥

바둑이라는 판에서 기사는 돌 놓는 자리를 선택하고, 자기만의 영역을 구축해나갑니다. 마찬가지로 세상이라는 판에서 사람은 수많은 상황에서 선택을 하며, 자기가 살아가는 세상의 의미를 규정해갑니다.

바둑판이든 세상판이든, 과연 고정된 의미나 관점으로서의 판이 존재할 수 있을까요. '세상은 이러하다'라고 주장을 한다지만, 절대적 모습이나 상태로서의 세상은 없습니다. 자기가 놓은 수에 따라 바둑판의 형세가 달라지듯, 자신이 한 선택에 따라 세상은 각기 다른 모습과 상태로 존재하게 되는 것입니다.

그래서 '무유정법無有定法'입니다. "정해진 법이란 본래 없다"라는 《금강경》의 이 말 한마디가 어쩌면 세상의 법을 정하려는 그 모든 시도에 대한 자명한 일갈이 될 것입니다. 세상의 의미를 규정하고 묶어두려는 그 모든 주장에 대해 한 영화의 대사를 던져봅니다.

"이 세상이 고수에겐 놀이터요, 하수에겐 생지옥 아니던가."

다만 안목의 문제입니다. 내가 높은 안목을 가지고 있다면 세상을 굴리겠지만, 만일 그러지 못하다면 세상에 굴림을 당할 뿐입니다.

빈손이라는 자유

무언가를 쥐고 있으면 결국에는 그것이 사라지는 일밖에 남지 않습니다. 그러나 쥐고 있는 그 무언가를 놓아버리면 달라집니다. 이제부터는 그 비어 있는 자리에 다른 것들이 자유로이 오가는 일이 남게 됩니다.

'공수래공수거空手來空手去'라는 말은 단순히 '가진 것 없음'으로 와서 '가진 것 없음'으로 돌아간다는 것만을 뜻하지는 않습니다. 그것은 '가진 것 있음'과 '가진 것 없음'이라는 소유의 관점에서만 그러한 것입니다. '오고 감來去', 즉 내용물의 유무에 집중된 것이고, 그것은 곧 생사심이라 할 수 있습니다. 그러나 잘 보십시오. 오고가는 내용물이 아니라, 그 내용물에 관계 없이 변하지 않는 두 글자를 찾아내셔야 합니다. 그것은 바로 '빈손空手'입니다.

대상은 소유할 수 있고 상태는 변화할 수 있습니다. 그러나 이 빈손은 결코 소유할 수도 변화되는 것도 아닙니다. 존재나 소유와 관계없이 처음부터 한결같이 있어왔던 빈자리입니다. 이 빈손이야말로 본래부터 있어왔던 진정한 자유입니다. 빈손 위에 놓인 다양한 물건의 가치에 집중할 것만이 아니라, 이 빈손 위로 거래去來하며 무한히 펼쳐지는 자유의 흐름을 보아야만 하는 것입니다.

빈손이기에 따뜻한 찻잔이 오고 갑니다.

빈손이기에 겨울 찬바람이 오고 갑니다.

빈손이기에 메마른 낙엽도 오고 갑니다.

빈손이기에 다른 이의 손도 오고 갑니다.

빈손은 단지 '비어 있음'을 뜻하지 않습니다. 비어 있음이란 그 모든 일을 가능케 하는 자유의 근거입니다. 비어 있음으로 무한의 자유가 펼쳐질 수 있는 것입니다.

그렇게 온전히 비어 있으면, 이렇게 온전하게 흐르는 것입니다.

연등불이 부처님께 수기를
주신 것은 그 어떠한 한 법도
깨달은 바가 없기 때문이셨습니다.
부처는, 우리는, 세계는,
당신은 그렇게 깨닫기 이전에
이미 완성되었습니다.
오늘은 부처님 오신 날입니다.
햇볕도 잘 들고, 까마귀도 울고,
아침 공기도 시원한,
이렇게 좋은 날입니다.

이런 날에 도리어 묻고 싶습니다.

그 언제, 어디서건,

부처님이 오시지 않은 때가 있었던가요?

네, 일일시호일日日是好日,

날마다 날마다 좋은 날입니다.

'잘못했습니다'의 공덕

해인사 퇴설당에서 행자를 할 때였습니다. 당시 시자스님께서 저에게 인생에서 가장 큰 가르침 중 하나를 일러주셨습니다. 그것은 바로 '잘못했습니다'의 공덕이었습니다.

"행자님, 어떤 시비 상황이 생겼을 때, 먼저 '잘못했습니다'라는 말을 해보세요. 그러면 그것이 어떤 잘못이든 수월하게 해결될 겁니다."

우리가 살다 보면 다양한 형태로 시비가 일어납니다. 일방적인 잘못인 경우, 아예 시비가 일어나지는 않을 것입니다. 그런데 대부분의 시비는 마치 교통사고와도 같습니다. 한쪽에서 온전히 잘못을 저지르고 다른 한편이 아무런 잘못이 없는 경우는 거의 없습니다. 만일 이를 수치화한다면, 6대 4가 될 수도 있겠고, 1대 9가 될 수도 있습니다. 그런데 우리들의 기본적인 이해를 바탕으로 본다면 전자는 6의 잘못을 저지른 사람이 더 큰 책임을 지는 것이고, 후자의 경우 거의 모든 책임은 9의 잘못을 저지른 사람에게 전가됩니다. 그런데 이런 6이든 4든, 9든 1이든 이런 방식으로 잘못을 수치화하고 누가 더 큰 잘못을 저지른 것인가로 재단하는 것은 상황을 원만하게 해결하는 데 그다지 도움이 되지 못합니다. 그리고 수행에 있어서 큰 장애만 더할 뿐입니다. 아무리 공정하게 따져본다 해도 '내 잘못이 사소하고 저 사람 잘못이 더 큰데' 하면서 집착의 형태로 번뇌를 불러들이기 때문입니다.

수행은 왜 하는가요? 누가 더 옳고 그른가를 잘 따지기 위해서 하는 가요? 아닙니다. 저는 수행의 이유를 명확하게 정리합니다. 수행은 우선 적으로 내 마음의 고통을 덜기 위해서 하는 것입니다. 내 마음에 고통이 일어나고 집착에서 벗어나지 못한다면, 이 고통이 어디에서 왔는가를 세심하게 따라가보는 것이 수행자의 기본 자세입니다. 그리하여 수행이라는 것이 고통을 덜고 집착에서 멀어지는 것임을 이해하시는 분이라면, 그 모든 시비의 경중 여부를 차치하고 그냥 먼저 '제가 잘못했습니다'라고 해보십시오.

'그래도 저 사람의 잘못이 더 큰데, 내가 저 사람보다 못한 게 뭐가 있다고'라는 식의 반발심이 마음 안에 차오를 수도 있습니다. 비록 그러할지라도 이런저런 계산이나 생각 다 걷어내버리고, 그냥 딱 한번 '제가 잘못했습니다'라는 한마디만 던져보시란 것입니다. 그리고 상황이 어떻게 변해가는가를 묵묵히 지켜보십시오. 내 억울한 상황을 설명하려 하지 말고, 이렇게 된 필연적인 이유를 언급하려고도 하지 말고, 비록 상대방의 태도가 맘에 들지 않더라도, 그냥 '잘못했습니다' 이 한마디만 하고 그저 상황을 맞이해보시라는 것입니다.

처음에는 쉽지 않을 것입니다. 우리의 분별심과 자존심이 마음 안에 오랜 시간 동안 자리잡은 탓입니다. 그래도 첫 시작이 중요합니다. 그렇기에 시비의 경중이나 비율을 따지지 않고, 그저 한번 시험해보자는 심경으로 먼저 잘못했다는 말을 건네는 것이 좋습니다. 그러면 우리의 예상과는 전혀 다른 상황이 펼쳐질 것입니다. 상대방의 비난이 잦아들고, 한껏 시끄러울 수 있는 소란이 일시에 소강될 것입니다. 분명히 그러합니다.

이것이 바로 '잘못했습니다'의 공덕입니다.

　　그리고 이를 반복해서 말하다 보면, 내 마음 안의 분별심도 서서히 잦아들어가고, 사람들과의 시비거리도 확연하게 줄어듭니다. 설혹 내가 잘못해서 문제 상황을 만들어냈다 하더라도, 이전에는 맹렬하게 혼쭐을 내려던 상대방도 그저 별말 없이 지나가게 되는 상황을 맞이하게 될 것입니다. 그렇게 '잘못했습니다'를 반복하다 보면 언젠가는 도무지 그럴 것 같지 않던 상대방이 먼저 '잘못했습니다'라는 말을 하게 될 날이 올 수도 있습니다.

　　그렇습니다. '잘못했습니다'라는 말은 짧습니다. 그러나 이 말의 공덕은 무한합니다.

다시, 중생의 삶으로

우리가 알고 있는 〈십우도〉의 제일 마지막 단계는 바로 '입전수수(入廛垂手: 시장에 가서 손을 드리우다)'입니다. 그리고 이 입전수수에 대한 일반적인 해석은 다음과 같습니다.

'성스러운 깨달음을 성취하고 다시 세속으로 돌아와 중생의 아픔을 함께하며 중생들을 성불하게 한다.'

그런데 시장에 가서 손을 내민다는 것은 과연 무엇을 하는 것일까요. 어쩌면 그것은 생각보다 단순하고 명료한 일일지도 모릅니다. 과일 노점에 가서 사과 열 개를 고르고, 검은 비닐봉지에 담으면서, 만 원 지폐 한 장을 건네고, 이런 실랑이를 하는 것입니다.

"아줌마, 천 원만 깎아주세요."

불교에는 아직 마음을 내려놓을 준비가 되지 않은 사람들을 위해서 '어쩔 수 없이' 펼쳐지는 가르침들이 많습니다. 그래서 '어쩔 수 없이' 도를 말하고, 공을 설하고, 유식을 이야기하고, 마음을 언급합니다. '어쩔 수 없이' 참회도 하고, 수행을 하고, 용맹정진도 합니다. '어쩔 수 없이' 고고한 게송을 읊고, 황금 가사를 두르고, 높은 법상에 올라가 주장자도 들어올리고, 법상을 탁 내리치기도 합니다. 모두 다 '어쩔 수 없이' 벌이는 일들입니다. 좀 잘 보라고, 잘 들으라고, 그래서 온전한 나로서 잘 살아보라고 '어쩔 수 없이' 벌이는 일들입니다.

그리하여 마음을 내려놓을 수만 있다면, 나라는 존재를 비울 수만 있다면 사람과 세상은 송두리째 뒤바뀌게 됩니다. 나를 괴롭히던 그 모든 번뇌가 진실함의 지혜로, 중생들의 욕망이 가득한 이 사바세계가 곧장 깨달음의 극락세계로 뒤바뀌게 됩니다. 한 치도 변한 바 없이, 한 발자국도 움직인 바 없이 그렇게 모두가 뒤바뀌게 됩니다.

"아줌마, 천 원만 깎아주세요."

빨간 사과도 그러하고, 구겨진 만 원짜리도 그러하고, 옆 가게의 생선 비린내도 그러하고, 아줌마의 투정도 그러하고, 천 원 깎아서 기분 좋은 마음도 그러하고, 그렇게 모두 다 진실한 일들로 다가오게 됩니다.

중생이 깨달으면 어찌 되는가요? 갑자기 도인으로 불리고, 성인으로 추앙받고, 사람들에게 고결한 가르침을 주고, 비범한 삶의 행보로 사람들에게 감동을 주면서 살게 되는가요? 물론 그러할 수도 있습니다. 하지만 그러한 고결한 삶만이 깨달음의 삶은 아닙니다. 오히려 철저한 중생으로 온전한 자기 역할을 하면서 그렇게 순간순간을 여실하게 사는 것이기도 합니다. 부처로 바뀌어야 할 중생은 사실 처음부터 온전했습니다. 지혜로 바뀌어야 할 번뇌도 처음부터 잘못된 게 없었으며, 중생이 고통받는 사바세계도 처음부터 희로애락이 진실하게 펼쳐지는 극락이었습니다. 입전수수는 깨달은 도인이 중생들을 위해 지혜를 가르쳐 주는 것만을 뜻하지 않습니다. 처음부터 진실했던 사바세계로 돌아와, 원래부터 온전했던 중생 놀이를 시작하는 것이기도 합니다. 그래서 저는 입전수수의 삶을 이렇게 표현합니다.

"아줌마, 천 원만 깎아주세요."

중생을 버리고
부처를 구하는 것이 아닙니다.

중생을 벗어나야만
부처가 되는 것도 아닙니다.

중생의 일을 떠나지 않았는데,
이미 부처를 구현하고 있음이
스스로 명백하게 확인되어야지
비로소 진정한 깨달음입니다.

나,
아직 열리지 않은 선물

ⓒ 원제, 2023

2023년 5월 19일 초판 1쇄 발행
2023년 6월 23일 초판 2쇄 발행

지은이 원제
발행인 박상근(至弘) • 편집인 류지호 • 상무이사 김상기 • 편집이사 양동민
편집 김재호, 양민호, 김소영, 최호승, 하다해 • 디자인 쿠담디자인
제작 김명환 • 마케팅 김대현, 이선호 • 관리 윤정안 • 콘텐츠국 유권준, 정승채
펴낸 곳 불광출판사 (03169) 서울시 종로구 사직로10길 17 인왕빌딩 301호
　　　 대표전화 02)420-3200 편집부 02)420-3300 팩시밀리 02)420-3400
　　　 출판등록 제300-2009-130호(1979. 10. 10.)

ISBN 979-11-92997-21-6 (03100)
값 18,000원